給食・食育大百科

2024

2022年度　給食ニュース縮刷活用版

少年写真新聞社

目次

※本書に掲載している先生方の所属、肩書き、および施設名、連絡先、データなどは、ニュース発行当時のものです。
※★はカラーページをあらわしています。

『給食・食育大百科2024』は、2022年４月～2023年３月に発行した掲示用の『給食ニュース』（カラー）と、付録を縮刷して１冊にまとめたものです。

CD-ROMに収録されているデータ

CD-ROM内には、1年間に発行した月別の「給食だより」「一口メモ」「月別イラスト」「B3判」、また、『給食ニュース』に使用した画像10点を収録しています。

給食だより

給食だより

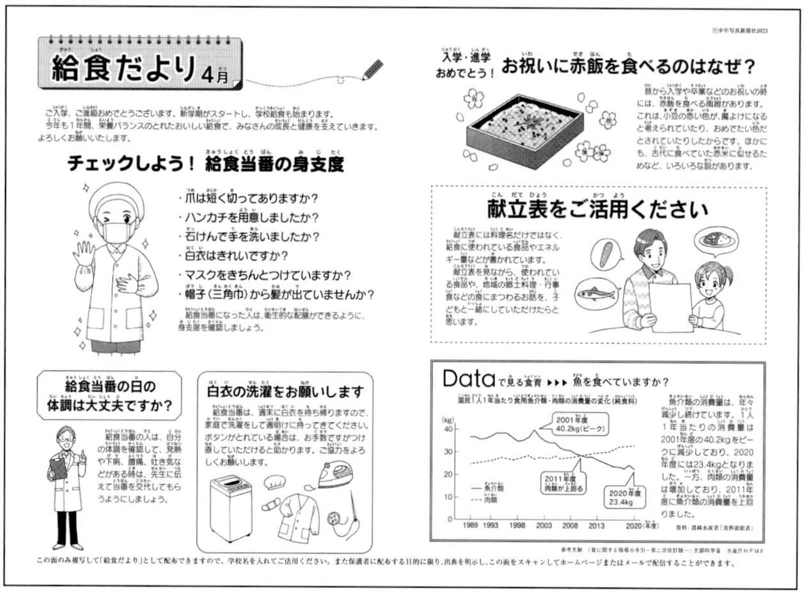

給食《きゅう しょく》だより4月《がつ》

ご入学、ご進級おめでとうございます。新学期がスタートし、学校給食も始まります。
今年も1年間、栄養バランスのとれたおいしい給食で、みなさんの成長と健康を支えていきます。よろしくお願いいたします。

チェックしよう！ 給食当番《きゅうしょくとうばん》の身支度《みじたく》

・爪は短く切ってありますか？
・ハンカチを用意しましたか？
・石けんで手を洗いましたか？
・白衣はきれいですか？
・マスクをきちんとつけていますか？
・帽子（三角巾）から髪が出ていませんか？

給食当番になった人は、衛生的な配膳ができるように、身支度を確認しましょう。

入学・進学おめでとう！ お祝いに赤飯を食べるのはなぜ？

昔から入学や卒業などのお祝いの時には、赤飯を食べる風習があります。これは、小豆の赤い色が、魔よけになると考えられていたり、おめでたい色だとされていたりしたからです。ほかにも、古代に食べていた赤米に似せるためなど、いろいろな説があります。

献立表《こんだてひょう》をご活用《かつよう》ください

献立表には料理名だけではなく、給食に使われている食品やエネルギー量などが書かれています。
献立表を見ながら、使われている食品や、地域の郷土料理・行事食などの食にまつわるお話を、子どもと一緒にしていただけたらと思います。

給食当番《きゅうしょくとうばん》の日《ひ》の体調《たいちょう》は大丈夫《だいじょうぶ》ですか？

給食当番の人は、自分の体調を確認して、発熱や下痢、腹痛、吐き気などがある時は、先生に伝えて当番を交代してもらうようにしましょう。

白衣《はくい》の洗濯《せんたく》をお願《ねが》いします

給食当番は、週末に白衣を持ち帰りますので、家庭で洗濯をして週明けに持ってきてください。ボタンがとれている場合は、お手数ですがつけ直していただけると助かります。ご協力をよろしくお願いします。

Dataで見る食育 ▸▸▸ 魚を食べていますか？

国民1人1年当たり食用魚介類・肉類の消費量の変化（純食料）

魚介類の消費量は、年々減少し続けています。1人1年当たりの消費量は2001年度の40.2kgをピークに減少しており、2020年度には23.4kgとなりました。一方、肉類の消費量は増加しており、2011年度に魚介類の消費量を上回りました。

資料：農林水産省「食料需給表」

参考文献 『食に関する指導の手引－第二次改訂版－』文部科学省 水産庁ＨＰほか

この面のみ複写して「給食だより」として配布できますので、学校名を入れてご活用ください。また保護者に配布する目的に限り、出典を明示し、この面をスキャンしてホームページまたはメールで配信することができます。

ルビあり版 PDF ／ルビなし版 PDF

一口メモ

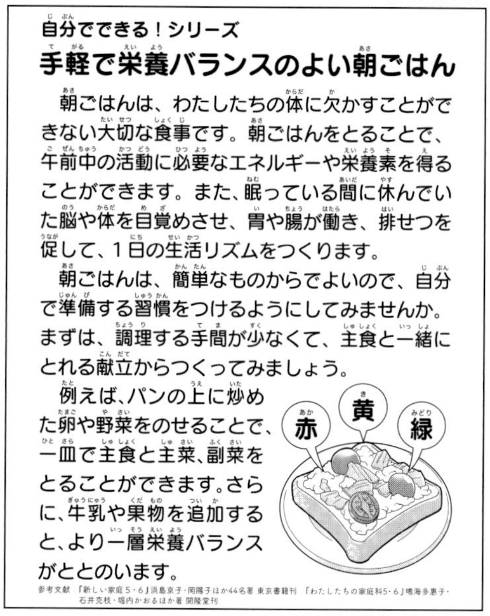

自分《じぶん》でできる！シリーズ

手軽《てがる》で栄養《えいよう》バランスのよい朝《あさ》ごはん

朝《あさ》ごはんは、わたしたちの体《からだ》に欠《か》かすことができない大切《たいせつ》な食事《しょくじ》です。朝《あさ》ごはんをとることで、午前中《ごぜんちゅう》の活動《かつどう》に必要《ひつよう》なエネルギーや栄養素《えいようそ》を得《え》ることができます。また、眠《ねむ》っている間《あいだ》に休《やす》んでいた脳《のう》や体《からだ》を目覚《めざ》めさせ、胃《い》や腸《ちょう》が働《はたら》き、排《はい》せつを促《うなが》して、1日《にち》の生活《せいかつ》リズムをつくります。

朝《あさ》ごはんは、簡単《かんたん》なものからでよいので、自分《じぶん》で準備《じゅんび》する習慣《しゅうかん》をつけるようにしてみませんか。まずは、調理《ちょうり》する手間《てま》が少《すく》なくて、主食《しゅしょく》と一緒《いっしょ》にとれる献立《こんだて》からつくってみましょう。

例《たと》えば、パンの上《うえ》に炒《いた》めた卵《たまご》や野菜《やさい》をのせることで、一皿《ひとさら》で主食《しゅしょく》と主菜《しゅさい》、副菜《ふくさい》をとることができます。さらに、牛乳《ぎゅうにゅう》や果物《くだもの》を追加《ついか》すると、より一層《いっそう》栄養《えいよう》バランスがととのいます。

参考文献 「新しい家庭5・6」浜島京子・岡陽子ほか44名著 東京書籍刊 「わたしたちの家庭科5・6」鳴海多恵子・石井克枝・堀内かおるほか著 開隆堂刊

ルビあり版 PDF ／ルビなし版 PDF

文例つきイラスト

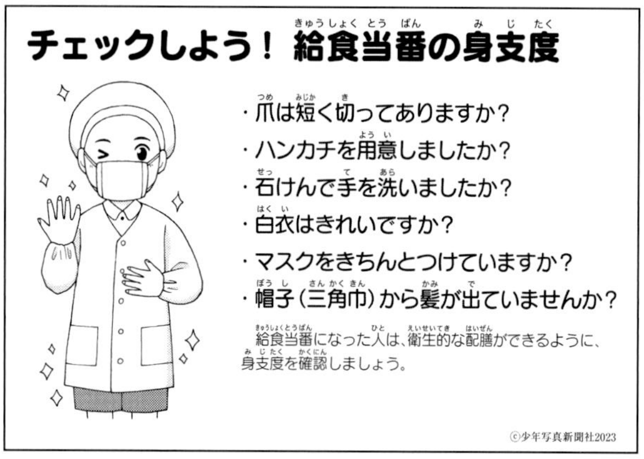

チェックしよう！ 給食当番《きゅうしょくとうばん》の身支度《みじたく》

・爪《つめ》は短《みじか》く切《き》ってありますか？
・ハンカチを用意《ようい》しましたか？
・石《せっ》けんで手《て》を洗《あら》いましたか？
・白衣《はくい》はきれいですか？
・マスクをきちんとつけていますか？
・帽子《ぼうし》（三角巾《さんかくきん》）から髪《かみ》が出《で》ていませんか？

給食当番《きゅうしょくとうばん》になった人《ひと》は、衛生的《えいせいてき》な配膳《はいぜん》ができるように、身支度《みじたく》を確認《かくにん》しましょう。

ルビあり版 JPEG ／ルビなし版 JPEG

月別イラスト

小学校

中学校

イラストカット JPEG

※イラストは各1点ずつ収録されています。

テキスト

ご入学、ご進級おめでとうございます。新学期がスタートし、学校給食も始まります。
今年も1年間、栄養バランスのとれたおいしい給食で、みなさんの成長と健康を支えていきます。よろしくお願いいたします。

チェックしよう！ 給食当番の身支度

・爪は短く切ってありますか？

・ハンカチを用意しましたか？

・石けんで手を洗いましたか？

・白衣はきれいですか？

・マスクをきちんとつけていますか？

・帽子（三角巾）から髪が出ていませんか？

給食当番になった人は、衛生的な配膳ができるように、身支度を確認しましょう。

給食当番の日の体調は大丈夫ですか？

給食当番の人は、自分の体調を確認して、発熱や下痢、腹痛、吐き気などがある時は、先生に伝えて当番を交代してもらうようにしましょう。

白衣の洗濯をお願いします

テキスト TEXT

イラスト

イラストカット JPEG

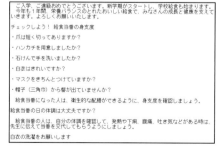

B3判 災害時の食シリーズ ※1年間に発行した「B3判」を収録しています。

1．水の備蓄は一人3日分9L

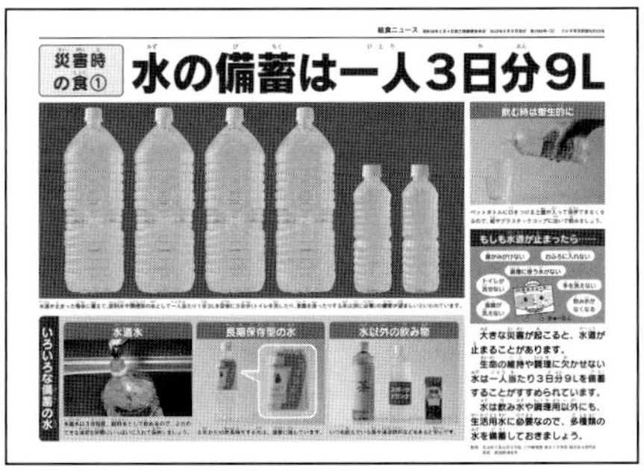

ルビあり版 PDF ／ルビなし版 PDF

2．栄養バランスを考えた食料備蓄

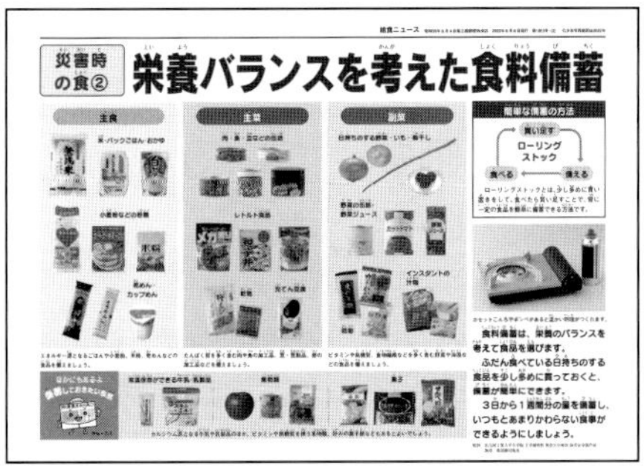

ルビあり版 PDF ／ルビなし版 PDF

3．災害時の食中毒を予防するには

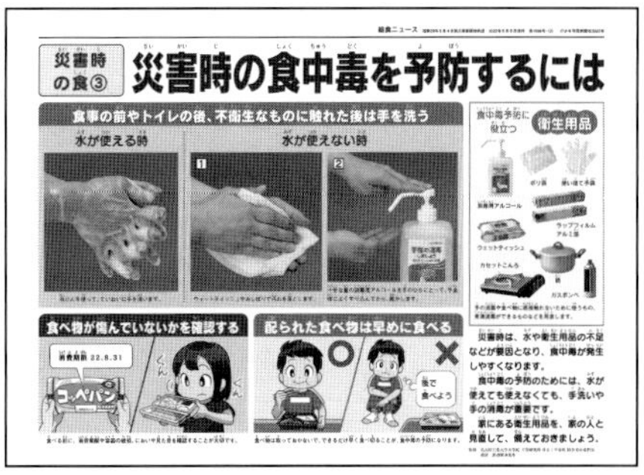

ルビあり版 PDF ／ルビなし版 PDF

4．身近なもので食器をつくろう

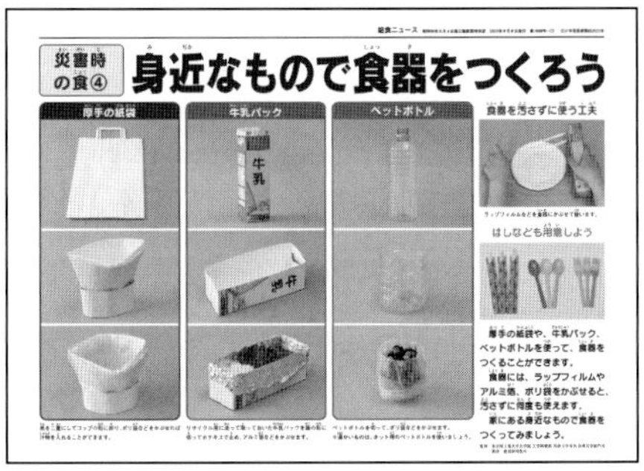

ルビあり版 PDF ／ルビなし版 PDF

5．不足する栄養素を補おう

ルビあり版 PDF ／ルビなし版 PDF

6. 表示を確認する 周りの人に知らせる 食物アレルギー

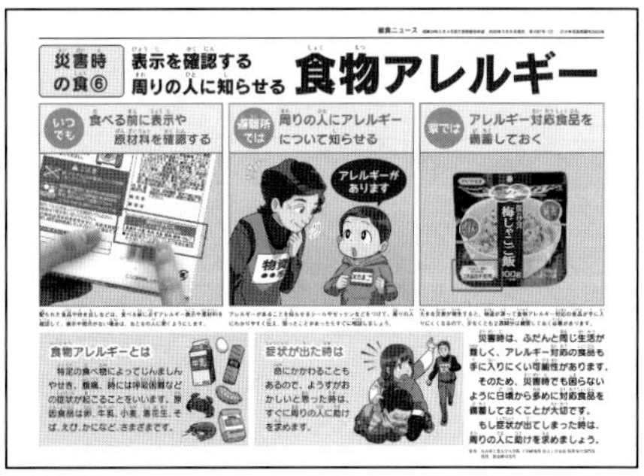

ルビあり版 PDF ／ルビなし版 PDF

画像データ ※1年間に発行した『給食ニュース』に使用した画像を収録しています。

01_0408.jpg JPEG

02_0408.jpg JPEG

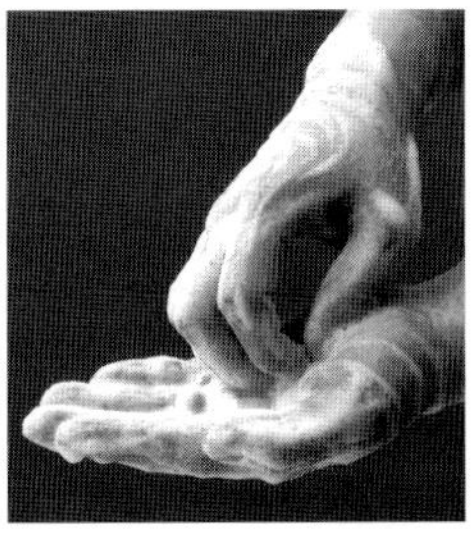

03_0618.jpg JPEG

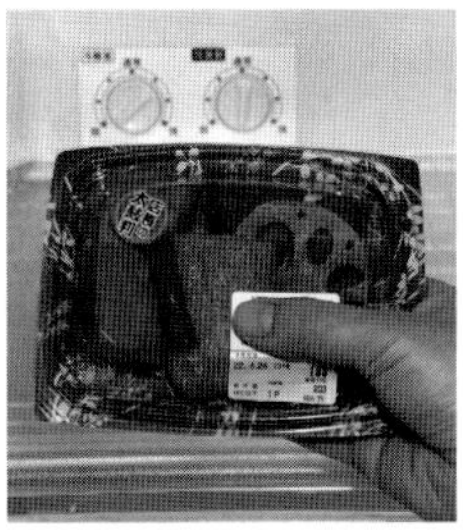

04_0618.jpg JPEG

05_0618.jpg JPEG

06_0928.jpg JPEG

07_0928.jpg JPEG

08_0928.jpg JPEG

09_0928.jpg JPEG

10_0118.jpg JPEG

CD-ROMの構成

給食・食育大百科2024 CD-ROM

- お読みください.txt
- 01_給食だより
  - 01_4月
    - 01_たより
      - 4月たより_ルビあり版.pdf
      - 4月たより_ルビなし版.pdf
    - 02_文例つきイラスト
      - 4月文例01_ルビあり版.jpg
      - 4月文例01_ルビなし版.jpg
      - ⋮
      - 4月文例08_ルビあり版.jpg
      - 4月文例08_ルビなし版.jpg
      - 4月テキスト.txt
    - 03_イラスト
      - 4月たよりイラスト01.jpg
      - ⋮
      - 4月たよりイラスト05.jpg
  - ⋮
  - 12_3月
- 02_一口メモ
  - 01_4月
    - 4月8日一口メモ_ルビあり版.pdf
    - 4月8日一口メモ_ルビなし版.pdf
    - 4月18日一口メモ_ルビあり版.pdf
    - 4月18日一口メモ_ルビなし版.pdf
    - 4月28日一口メモ_ルビあり版.pdf
    - 4月28日一口メモ_ルビなし版.pdf
  - ⋮
  - 12_3月
- 03_月別イラスト
  - 01_4月
    - 4月イラスト01.jpg
    - ⋮
    - 4月イラスト08.jpg
  - ⋮
  - 12_3月

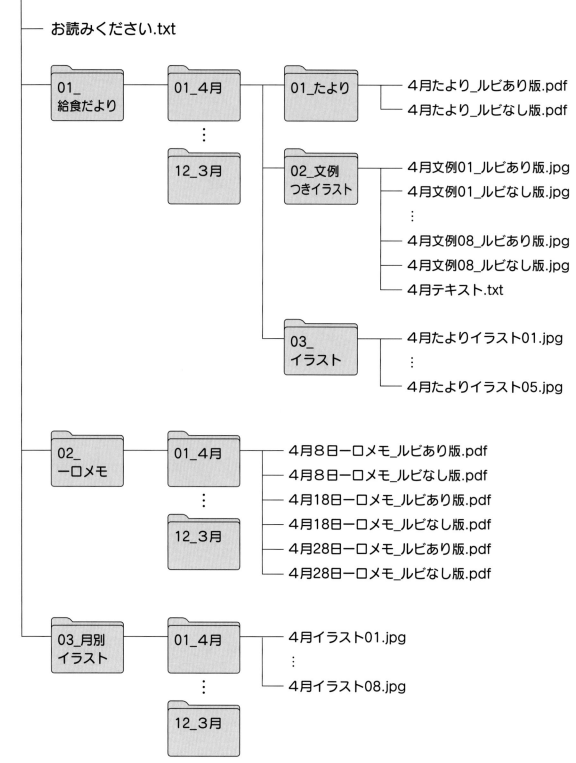

- 04_B3判
  - 01_水の備蓄
    - B3水の備蓄_ルビあり版.pdf
    - B3水の備蓄_ルビなし版.pdf
  - ⋮
  - 06_食物アレルギー
- 05_画像データ
  - 01_0408.jpg
  - 02_0408.jpg
  - 03_0618. jpg
  - 04_0618. jpg
  - 05_0618. jpg
  - 06_0928.jpg
  - 07_0928.jpg
  - 08_0928.jpg
  - 09_0928.jpg
  - 10_0118.jpg

ご使用にあたって

CD-ROM が入った袋を開封しますと、以下の内容を了解したものと判断いたします。

■著作権に関しまして

・本書付属のCD-ROMに収録されているすべてのデータの著作権および許諾権は株式会社少年写真新聞社に帰属します。

・学校内での使用、児童生徒・保護者向けの配布物に使用する目的であれば自由にお使いいただけます。

・商業誌等やインターネット上での使用はできません。

・データをコピーして他人に配布すること、ネットワーク上にダウンロード可能な状態で置くことはできません。ただし、イラストを使って制作した学校からの「たより」等は、保護者に配布する目的に限り、ホームページまたはメールで配信することができます。その場合は、PDFファイルにするなど、イラストカットが取り出せない形にしてください。

■動作環境

・CD-ROMドライブ必須。

・PDFファイルを開くことができるビューワーソフト、ウェブブラウザーがインストールされていること。

ご使用上の注意

・このCD-ROMを音楽用CDプレーヤー等に使用しますと、機器に故障が発生するおそれがあります。パソコン用の機器以外には入れないでください。

・CD-ROM内のデータ、あるいはプログラムによって引き起こされた問題や損失に対しては、弊社はいかなる補償もいたしません。本製品の製造上での欠陥につきましてはお取り替えしますが、それ以外の要求には応じられません。

※公共図書館での本の貸出にあたっては、付属のCD-ROMは図書館内・館外ともに貸出できません。

※CD-ROM内のデータの無断複製は禁止させていただきます。

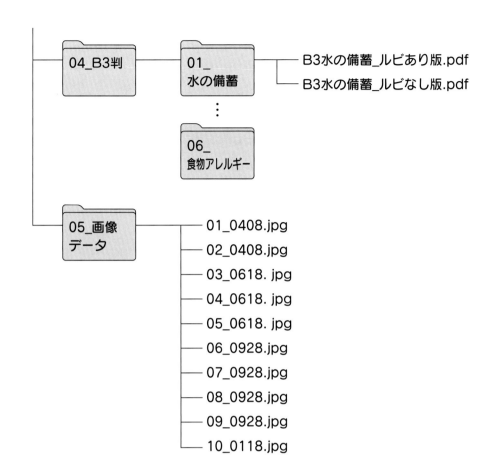

キーワード別目次

少年写真新聞
Juniors' Visual Journal
https://www.schoolpress.co.jp/
株式会社 少年写真新聞社 〒102-8232 東京都千代田区九段南4-7-16市ヶ谷KTビルⅠ TEL 03(3264)2624 FAX 03(5276)7785

給 食 ニ ュ ー ス

★定期刊行物は終わる期間を予定しない刊行物です。年度が替わりましても、購読中止のお申し出がない場合、引き続きニュースをご送付申し上げます。

給食ニュース 昭和39年5月4日第三種郵便物承認 2022年4月8日発行
第1857号 旬刊 毎月3回（8・18・28日）発行 1か年定価19,140円
1173
No.1857
2022年（令和4年）
4月8日号

食育の6つの視点
食事の重要性 感謝の心
心身の健康 社会性
食品を選択する能力 食文化

自分《じぶん》でできる！シリーズ

手軽《てがる》で栄養《えいよう》バランスのよい朝《あさ》ごはん

ごはんやパンに工夫《くふう》を加《くわ》えることで、栄養《えいよう》バランスをととのえることができます

ごはんの場合《ばあい》

〈栄養《えいよう》バランス〉赤《あか》 黄《き》 緑《みどり》

ピーマン入《い》り
さばのみそ煮丼《にどん》

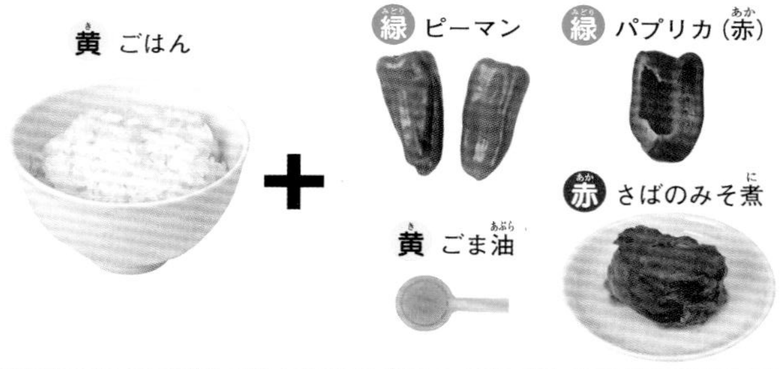

さばの缶詰《かんづめ》と炒《いた》めたピーマンを加《くわ》えることで、一皿《ひとさら》で赤《あか》・黄《き》・緑《みどり》がそろいます。

朝食《ちょうしょく》の役割《やくわり》を考《かんが》えよう

- 脳《のう》や体《からだ》のエネルギー源《げん》になる
- 体温《たいおん》を上昇《じょうしょう》させる
- 胃《い》や腸《ちょう》が働《はたら》き、排便《はいべん》をうながす
- 生活《せいかつ》リズムがととのい、元気《げんき》に1日《にち》を始《はじ》められる

きゅーたん

わたしたちは、朝《あさ》ごはんを食《た》べることによって午前中《ごぜんちゅう》の活動《かつどう》に必要《ひつよう》なエネルギーを得《え》ています。

一日《いちにち》を元気《げんき》にスタートするために簡単《かんたん》な朝食《ちょうしょく》でよいので、自分《じぶん》で準備《じゅんび》するようにしてみませんか。

ごはんやパンなどの主食《しゅしょく》に少《すこ》しの工夫《くふう》を加《くわ》えることで、一皿《ひとさら》で赤《あか》・黄《き》・緑《みどり》の食品《しょくひん》をとることができます。

監修 女子栄養大学 調理学研究室 准教授 奥嶋佐知子先生

赤《あか》は体《からだ》をつくるもとになる
黄はエネルギーのもとになる
緑《みどり》は体《からだ》の調子《ちょうし》をととのえるもとになる食品《しょくひん》だよ！

パンの場合《ばあい》

〈栄養《えいよう》バランス〉赤《あか》 黄《き》 緑《みどり》

ミニトマトと卵《たまご》の
オープンサンド

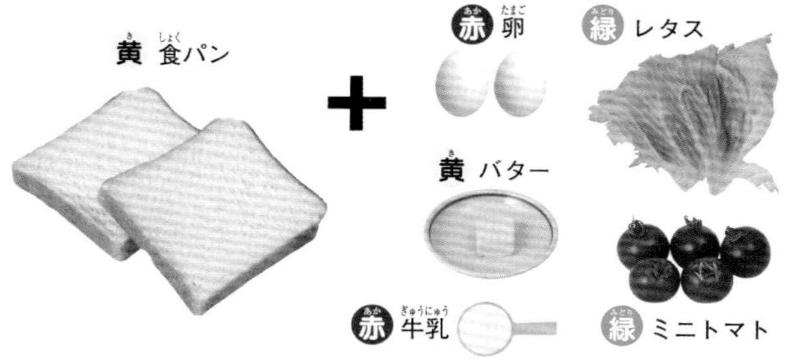

炒《いた》めた卵《たまご》や野菜《やさい》をのせることで赤《あか》・黄《き》・緑《みどり》がそろい、栄養《えいよう》バランスがよくなります。

少年写真新聞
Juniors' Visual Journal
https://www.schoolpress.co.jp/

給食ニュース

食育の６つの視点
食事の重要性 感謝の心 心身の健康 社会性 食品を選択する能力 食文化

No.1858
2022年（令和４年）
4月18日号

はしを持《も》って動《うご》かしてみよう

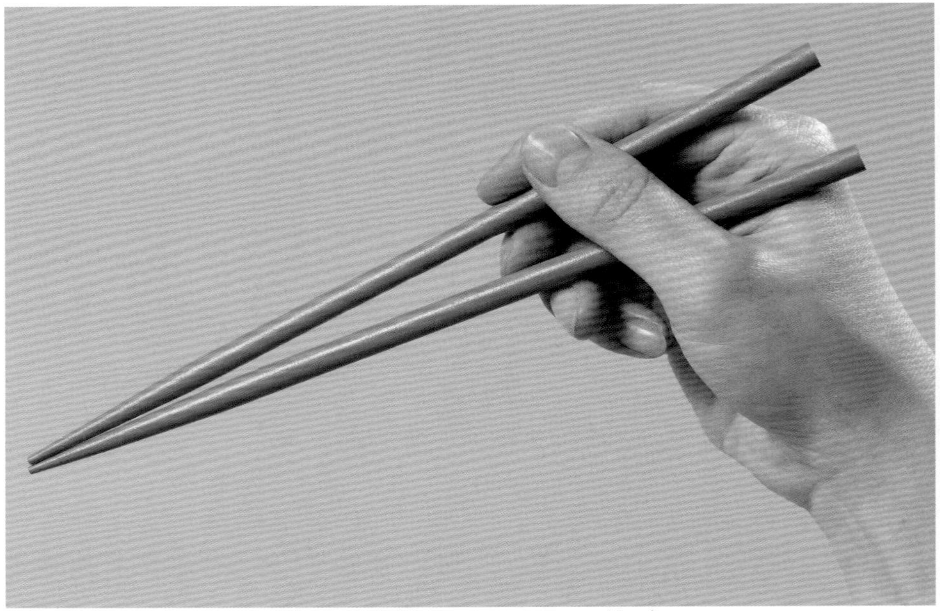

はしを上手《じょうず》に使《つか》うための基本《きほん》は、指《ゆび》に力《ちから》を入《い》れないで、はしを軽《かる》く持《も》つようにすることです。

はしを持《も》って動《うご》かす練習《れんしゅう》をしてみましょう

和食《わしょく》の心得《こころえ》は「はしに始《はじ》まり、はしに終《お》わる」といわれるほどはしの扱《あつか》いは大切《たいせつ》です。
はしは、手《て》の大《おお》きさに合《あ》った、動《うご》かしやすいものを選《えら》びます。
正《ただ》しく持《も》ち、いろいろな形《かたち》や大《おお》きさの食品《しょくひん》を使《つか》って、はさむ練習《れんしゅう》をしてみましょう。

手《て》に合《あ》うはしの長《なが》さ

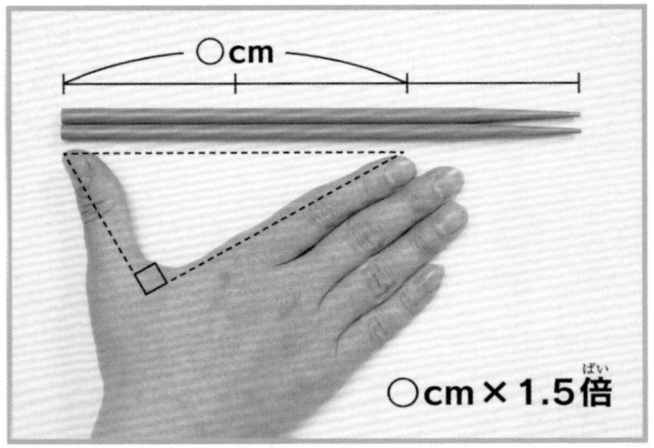

親指《おやゆび》と人差《ひとさ》し指《ゆび》を直角《ちょっかく》に広《ひろ》げた長《なが》さの1.5倍《ばい》が適《てき》しています。

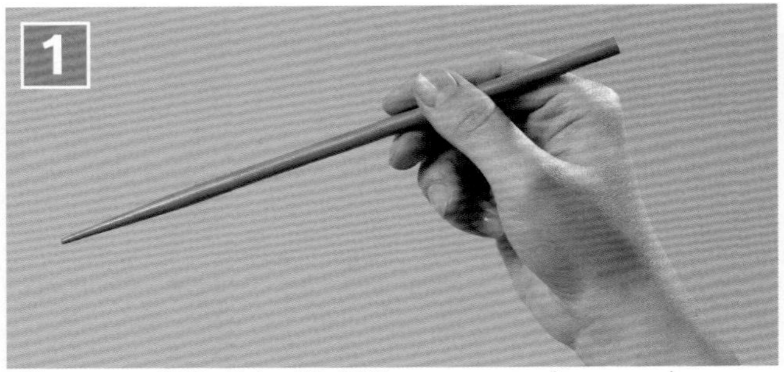

上《うえ》のはしは、親指《おやゆび》と人差《ひとさ》し指《ゆび》と中指《なかゆび》で、えんぴつを持《も》つように持《も》ちます。

下《した》のはしは、親指《おやゆび》のつけ根《ね》から中指《なかゆび》と薬指《くすりゆび》の間《あいだ》に通《とお》し、はし先《さき》をそろえます。

はしを動《うご》かすには、中指《なかゆび》と人差《ひとさ》し指《ゆび》で上《うえ》のはしを持《も》ち上《あ》げて動《うご》かします。

上手《じょうず》に使《つか》えるかな？

レベル1 凍《こお》り豆腐《どうふ》

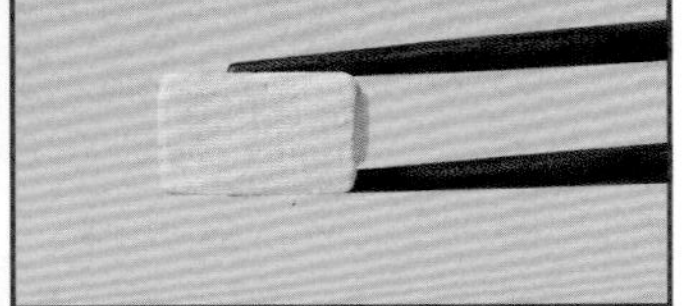

レベル2 煮干《にぼ》し

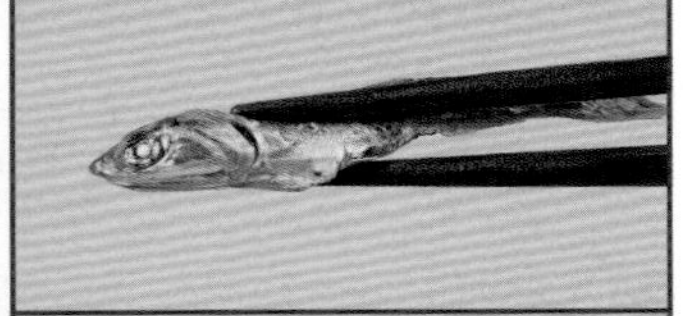

レベル3 大豆《だいず》

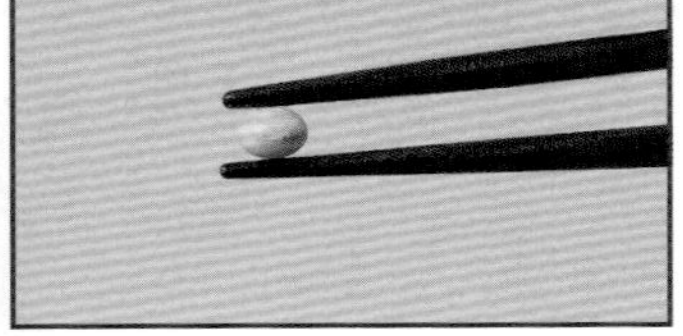

きゅーたん

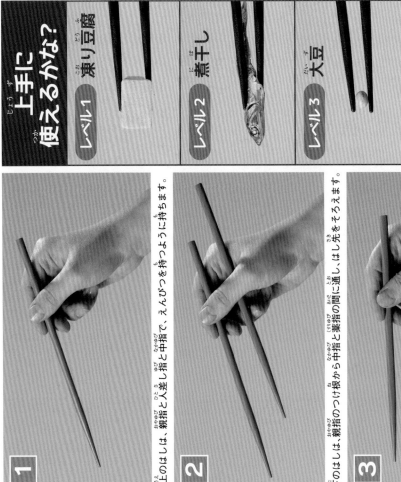

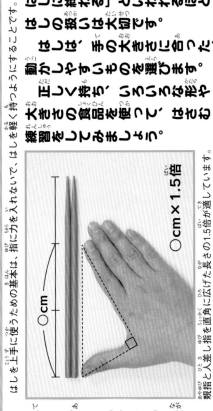

少年写真新聞
Juniors' Visual Journal
https://www.schoolpress.co.jp/

給 食 ニ ュ ー ス

給食ニュース 昭和39年5月4日第三種郵便物承認 2022年4月28日発行
第1859号 旬刊 毎月3回（8・18・28日）発行 1か年定価19,140円

食育の６つの視点
食事の重要性 感謝の心
心身の健康 社会性
食品を選択する能力 食文化

No.1859
2022年（令和４年）
４月28日号

食《しょく》育《いく》まんが 世《せ》界《かい》をかえる17の目《もく》標《ひょう》 SDGs《エスディージーズ》

※出典：農林水産省「日本の食品ロスの状況（令和元年度）」

監修 北九州市立大学 地域創生学群 教授 眞鍋和博先生

少年写真新聞
Juniors' Visual Journal
https://www.schoolpress.co.jp/
株式会社 少年写真新聞社 〒102-8232 東京都千代田区九段南4-7-16市ヶ谷KTビルI TEL 03(3264)2624 FAX 03(5276)7785

給食ニュース

給食ニュース 昭和39年5月4日第三種郵便物承認 2022年5月8日発行
第1860号 旬刊 毎月3回（8・18・28日）発行 1か年定価19,140円
食育の6つの視点
食事の重要性 感謝の心
心身の健康 社会性
食品を選択する能力 食文化
1173
No.1860
2022年（令和4年）
5月8日号

沖《おき》縄《なわ》復《ふっ》帰《き》
50年《ねん》

食《た》べ物《もの》は「ヌチグスイ（命《いのち》の薬《くすり》）」

沖《おき》縄《なわ》の人《ひと》は、食《しょく》事《じ》は命《いのち》を養《やしな》い、健《けん》康《こう》を守《まも》るものと考《かんが》え、大《たい》切《せつ》にしています

ゴーヤーチャンプルー

沖縄《おきなわ》の料理《りょうり》は亜熱帯気候《あねったいきこう》で育《そだ》った作物《さくもつ》を使《つか》い、昔《むかし》の人《ひと》が知恵《ちえ》をしぼってつくり出《だ》したもので、「チャンプルー（「混《ま》ぜ合《あ》わせた」という意味《いみ》）」などがあります。

沖縄《おきなわ》に根《ね》づく「医食同源《いしょくどうげん》」の考《かんが》え方《かた》

「医食同源《いしょくどうげん》」とは、「医学的《いがくてき》な治療《ちりょう》も日常的《にちじょうてき》な食事《しょくじ》も、どちらも人間《にんげん》の命《いのち》を養《やしな》い、健康《けんこう》を守《まも》るものである」という考《かんが》え方《かた》です。沖縄《おきなわ》の料理《りょうり》は、この考《かんが》え方《かた》の影響《えいきょう》を受《う》けて、「ヌチグスイ」として、生活《せいかつ》に根《ね》づいているといわれています。

きゅーたん

沖《おき》縄《なわ》の料《りょう》理《り》いろいろ

沖縄《おきなわ》そば

名前《なまえ》は「そば」ですが、めんは小麦粉《こむぎこ》でつくっています。

ナーベーラーンブシー

沖縄《おきなわ》の言葉《ことば》で、へちまのみそ煮《に》のことです。

ポーク卵《たまご》おにぎり

アメリカから持《も》ち込《こ》まれた「ポークランチョンミート」と卵焼《たまごや》きを中《なか》に入《い》れたおにぎりのことです。

～豚《ぶた》は捨《す》てるところがない～

ラフテー（豚三枚肉《ぶたさんまいにく》）

ミミガー（豚《ぶた》の耳皮《みみがわ》）

足《あし》ティビチ
（豚《ぶた》の足《あし》）

「豚《ぶた》は鳴《な》き声以外《ごえいがい》はすべて食《た》べる」といわれるほど、耳《みみ》や足《あし》、内臓《ないぞう》、血《ち》まですべてを料理《りょうり》にします。

沖縄《おきなわ》の伝統的《でんとうてき》な食《しょく》
宮廷料理《きゅうていりょうり》

琉球王国時代《りゅうきゅうおうこくじだい》に、中国《ちゅうごく》や薩摩《さつま》（現在《げんざい》の鹿児島県《かごしまけん》）の人《ひと》をもてなす料理《りょうり》として生《う》まれました。

※豚肉料理名の（ ）の中はおもな部位をあらわしています。

2022年《ねん》5月《がつ》15日《にち》は
沖縄復帰《おきなわふっき》50年《ねん》

沖縄《おきなわ》は、戦争《せんそう》でアメリカ軍《ぐん》が上陸《じょうりく》して激《はげ》しい戦場《せんじょう》となり、1945（昭和《しょうわ》20）年《ねん》の終戦後《しゅうせんご》もアメリカの占領《せんりょう》が続《つづ》きましたが、1972（昭和《しょうわ》47）年《ねん》5月《がつ》15日《にち》にアメリカから日本《にほん》へ復帰《ふっき》しました。今年《ことし》は、沖縄《おきなわ》復帰《ふっき》50年《ねん》の節目《ふしめ》です。

二〇二二年《ねん》五月《がつ》一五日《にち》は、沖縄《おきなわ》の復帰《ふっき》五〇年《ねん》の日《ひ》です。沖縄《おきなわ》では、「医食同源《いしょくどうげん》」の理念《りねん》にかなった料理《りょうり》がつくり出《だ》され、今《いま》も食《た》べ物《もの》を「ヌチグスイ（命《いのち》の薬《くすり》）」と呼《よ》んで、食事《しょくじ》を大切《たいせつ》にしています。沖縄《おきなわ》には、数多《かずおお》くのチャンプルー料理《りょうり》や、豚《ぶた》を使《つか》った料理《りょうり》、宮廷料理《きゅうていりょうり》など、さまざまなものがあります。

監修　琉球大学 教育学部 生活科学教育専修 准教授　田原美和先生
写真提供　沖縄観光コンベンションビューロー

少年写真新聞
Juniors' Visual Journal
https://www.schoolpress.co.jp/
株式会社 少年写真新聞社 〒102-8232 東京都千代田区九段南4-7-16市ヶ谷KTビルI TEL 03(3264)2624 FAX 03(5276)7785

給　食　ニ　ュ　ー　ス

★定期刊行物は終わる期間を予定しない刊行物です。年度が替わりましても、購読中止のお申し出がない場合、引き続きニュースをご送付申し上げます。

給食ニュース　昭和39年5月4日第三種郵便物承認　2022年5月18日発行
第1861号　旬刊　毎月3回(8・18・28日)発行　1か年定価19,140円

1173

食育の6つの視点
食事の重要性　感謝の心
心身の健康　社会性
食品を選択する能力　食文化

No.1861
2022年（令和4年）
5月18日号

常掲用《じょうけいよう》 安全《あんぜん》においしく調理《ちょうり》をするために

調理《ちょうり》の前《まえ》に手《て》洗《あら》い

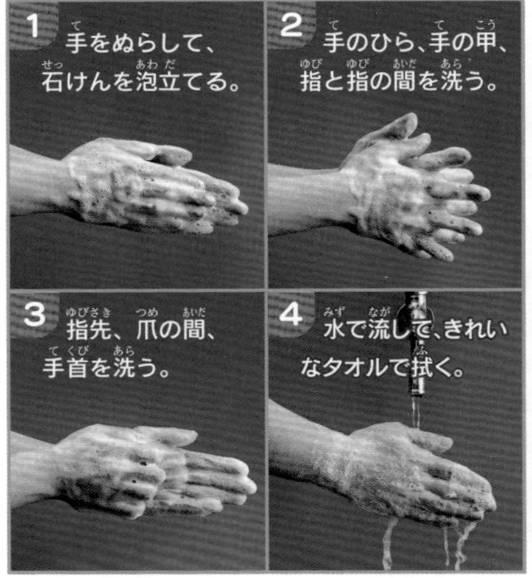

1 手《て》をぬらして、石《せっ》けんを泡立《あわだ》てる。

2 手《て》のひら、手《て》の甲《こう》、指《ゆび》と指《ゆび》の間《あいだ》を洗《あら》う。

3 指先《ゆびさき》、爪《つめ》の間《あいだ》、手首《てくび》を洗《あら》う。

4 水《みず》で流《なが》して、きれいなタオルで拭《ふ》く。

はかりでの重《おも》さのはかり方《かた》

平《たい》らなところに置《お》き、調節《ちょうせつ》ねじではかりを0に合《あ》わせ、はかるものをのせて正面《しょうめん》で目盛《めも》りを読《よ》む。

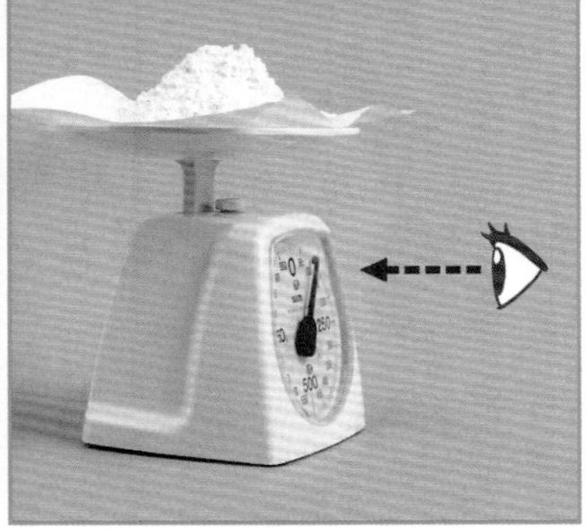

計量《けいりょう》カップ・計量《けいりょう》スプーンでの量《りょう》のはかり方《かた》

液体《えきたい》・計量《けいりょう》カップ

平《たい》らなところに置《お》き、正面《しょうめん》から目盛《めも》りを読《よ》む。

粉類《こなるい》・計量《けいりょう》スプーン

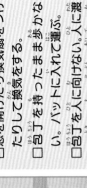

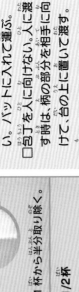

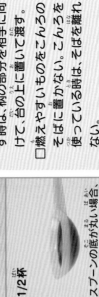

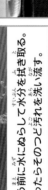

1杯《ぱい》
山盛《やまも》りにすくってからすり切《き》る。

1/2杯《ぱい》
1杯《ぱい》から半分《はんぶん》取《と》り除《のぞ》く。

液体《えきたい》・計量《けいりょう》スプーン

1杯《ぱい》
液面《えきめん》が盛《も》り上《あ》がるくらい。

1/2杯《ぱい》
スプーンの底《そこ》が丸《まる》い場合《ばあい》、高《たか》さの2/3くらい。

安全《あんぜん》に調理《ちょうり》をしよう

- □窓《まど》を開《あ》けたり換気扇《かんきせん》をつけたりして換気《かんき》をする。
- □包丁《ほうちょう》を持《も》ったまま歩《ある》かない。バットに入《い》れて運《はこ》ぶ。
- □包丁《ほうちょう》を人《ひと》に向《む》けない。人《ひと》に渡《わた》す時《とき》は、柄《え》の部分《ぶぶん》を相手《あいて》に向《む》けて、台《だい》の上《うえ》に置《お》いて渡《わた》す。
- □燃《も》えやすいものをこんろのそばに置《お》かない。こんろを使《つか》っている時《とき》は、そばを離《はな》れない。
- □鍋《なべ》の底《そこ》からこんろの炎《ほのお》がはみ出《だ》さないようにする。
- □床《ゆか》がぬれたらすぐに拭《ふ》く。

包丁《ほうちょう》の持《も》ち方《かた》・切《き》り方《かた》

持《も》ち方《かた》

柄《え》のつけ根《ね》をしっかり持《も》つ。

人差《ひとさ》し指《ゆび》をのばしてもよい。

切《き》り方《かた》

指先《ゆびさき》を丸《まる》めて押《お》さえて切《き》る。

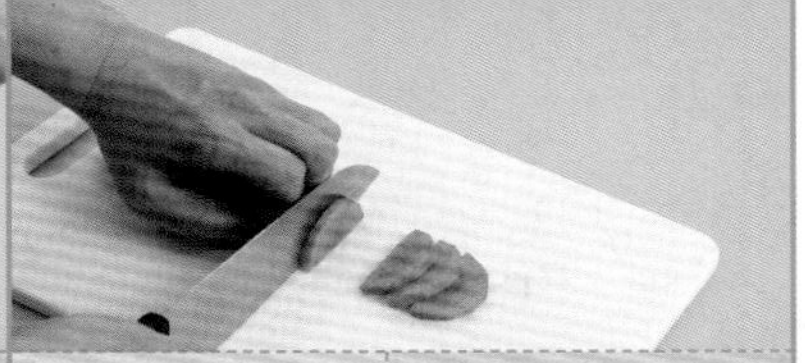

上《うえ》から見《み》たところ

左利《ひだりき》きの場合《ばあい》

まな板《いた》はこまめに洗《あら》う

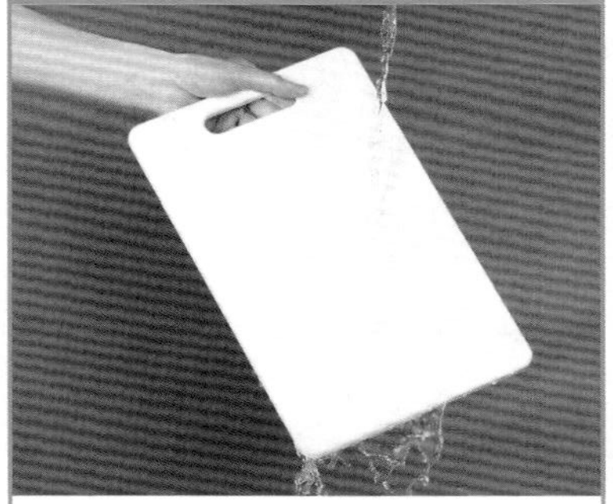

使《つか》う前《まえ》に水《みず》にぬらして水分《すいぶん》を拭《ふ》き取《と》る。
使《つか》ったらそのつど汚《よご》れを洗《あら》い流《なが》す。

こんろの火加減《ひかげん》の目安《めやす》

強火《つよび》
鍋《なべ》の底全体《そこぜんたい》に炎《ほのお》が当《あ》たる。

中火《ちゅうび》
炎《ほのお》の先《さき》が鍋《なべ》の底《そこ》に当《あ》たる。

弱火《よわび》
鍋《なべ》の底《そこ》まで半分《はんぶん》くらいの炎《ほのお》。

調理《ちょうり》をする前《まえ》は石《せっ》けんで手《て》をきれいに洗《あら》い、調理器具《ちょうりきぐ》を扱《あつか》う時《とき》は、安全《あんぜん》に気《き》をつけて正《ただ》しく使《つか》うようにしましょう。
特《とく》に包丁《ほうちょう》やこんろを使《つか》う時《とき》はけがや、やけどに注意《ちゅうい》します。衛生《えいせい》や安全《あんぜん》に気《き》をつけながらおいしい料理《りょうり》をつくりましょう。

給食ニュース　昭和39年5月4日第三種郵便物承認　2022年5月18日発行　第1861号　旬刊　毎月3回(8・18・28日)発行　1か年定価19,140円

少年写真新聞
Juniors' Visual Journal
https://www.schoolpress.co.jp/
株式会社 少年写真新聞社 〒102-8232 東京都千代田区九段南4-7-16市ヶ谷KTビルI TEL 03 (3264) 2624 FAX 03 (5276) 7785

給食ニュース

★定期刊行物は終わる期間を予定しない刊行物です。年度が替わりましても、購読中止のお申し出がない場合、引き続きニュースをご送付申し上げます。

給食ニュース 昭和39年5月4日第三種郵便物承認 2022年5月28日発行
第1862号 旬刊 毎月3回(8・18・28日)発行 1か年定価19,140円
1173
No.1862
2022年（令和4年）
5月28日号

食育の6つの視点
食事の重要性 感謝の心
心身の健康 社会性
食品を選択する能力 食文化

食《しょく》の仕事人《しごとにん》

くいしんぼうヒップホッパー

音楽《おんがく》と料理《りょうり》の新《あら》たな楽《たの》しみ方《かた》を提案《ていあん》するDJみそしるとMCごはんさん

絵本《えほん》の読《よ》み聞《き》かせをした後《あと》に、絵本《えほん》に出《で》てくる料理《りょうり》を一緒《いっしょ》につくるイベントをしました。

どんな仕事《しごと》をしているの？

曲《きょく》づくりのためにまずは料理《りょうり》の試作《しさく》をします。

伝《つた》えたい思《おも》いを込《こ》めて、作詞《さくし》、作曲《さっきょく》をします。

（上《うえ》）ライブのようす。
（右《みぎ》）手《て》づくりのライブの小物《こもの》。

アクリル絵《え》の具《ぐ》と色鉛筆《いろえんぴつ》で描《か》いた絵本《えほん》の原画《げんが》。

NHK Eテレ「ごちそんぐDJ」の撮影《さつえい》のようす。

YouTubeの撮影《さつえい》や編集《へんしゅう》作業《さぎょう》もします。

DJみそしるとMCごはんさんは、料理《りょうり》の曲《きょく》をつくって歌《うた》うヒップホッパーです。

子《こ》どもの頃《ころ》から、絵《え》を描《か》くことや、楽器《がっき》を演奏《えんそう》すること、食《た》べることが大好《だいす》きで、今《いま》の仕事《しごと》に生《い》きているそうです。

みなさんも好《す》きなことを、とことん楽《たの》しんでほしいと、話《はな》してくれました。

写真提供 ソニー・ミュージックアーティスツ

DJみそしるとMCごはんさんインタビュー

Q.給食《きゅうしょく》の思《おも》い出《で》を教《おし》えてください

給食《きゅうしょく》が大好《だいす》きな子《こ》どもでした。特《とく》にカレーやポークビーンズ、シチューが好《す》きだったのですが、毎月《まいつき》献立表《こんだてひょう》が配《くば》られると、自分《じぶん》の好物《こうぶつ》が何日《なんにち》に出《で》るのかを全部《ぜんぶ》チェックして、好《す》きな料理《りょうり》が出《で》る日《ひ》をわくわく待《ま》ちながら過《す》ごしていました。

Q.仕事《しごと》でうれしかったことを教《おし》えてください

わたしの曲《きょく》や活動《かつどう》を通《とお》して、今《いま》までよりも料理《りょうり》が好《す》きになったとか、料理《りょうり》ってこんなに楽《たの》しんでやってもいいものなんだという反応《はんのう》をいただくと、とてもうれしく思《おも》います。料理《りょうり》がそんなに好《す》きじゃない人《ひと》にも楽《たの》しんでもらえるような活動《かつどう》をしたいなと思《おも》っています。

子《こ》どもたちへのメッセージをお願《ねが》いします

わたしは、絵《え》を描《か》くことや、楽器《がっき》を演奏《えんそう》すること、食《た》べることなど、子《こ》どもの頃《ころ》に大好《だいす》きだったことが、全部《ぜんぶ》今《いま》の仕事《しごと》に生《い》かされています。今《いま》、好《す》きなことがある人《ひと》はそのことを、まだない人《ひと》は好《す》きなことを見《み》つけた時《とき》に、その好《す》きなことをとことん楽《たの》しんでみてほしいです。

少年写真新聞
Juniors' Visual Journal
https://www.schoolpress.co.jp/
株式会社 少年写真新聞社 〒102-8232 東京都千代田区九段南4-7-16市ヶ谷KTビルⅠ TEL03(3264)2624 FAX03(5276)7785

給食ニュース

★定期刊行物は終わる期間を予定しない刊行物です。年度が替わりましても、購読中止のお申し出がない場合、引き続きニュースをご送付申し上げます。

給食ニュース 昭和39年5月4日第三種郵便物承認 2022年6月8日発行
1863号-(1) 旬刊 毎月3回(8・18・28日)発行 1か年定価19,140円
1173
食育の6つの視点
食事の重要性 感謝の心
心身の健康 社会性
食品を選択する能力 食文化
No.1863-(1)
2022年(令和4年)
6月8日号

自分《じぶん》でできる！シリーズ

かみかみ料《りょう》理《り》をつくったよ

かみごたえのある食《た》べ物《もの》を選《えら》び自分《じぶん》で調理《ちょうり》をすると、よくかむことの意識《いしき》も高《たか》まります

かみごたえのある食《た》べ物《もの》例《れい》

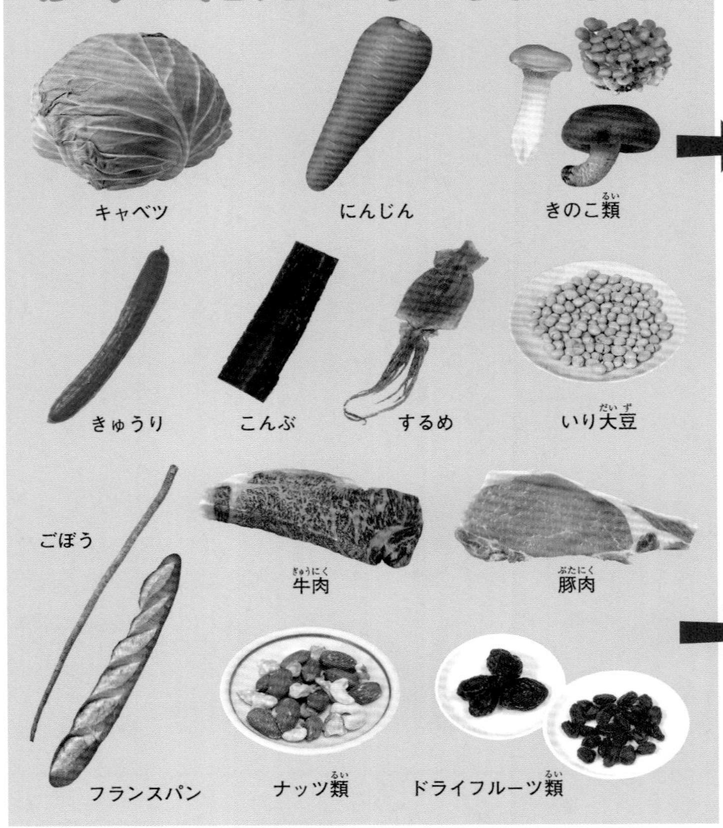

かみごたえのある食《た》べ物《もの》とは、食物繊維《しょくもつせんい》の多《おお》い野菜《やさい》や海藻《かいそう》、きのこ、筋繊維《きんせんい》のしっかりした牛肉《ぎゅうにく》や豚肉《ぶたにく》、干《ほ》した魚介類《ぎょかいるい》、果物《くだもの》など、口《くち》の中《なか》で何回《なんかい》もかむ必要《ひつよう》があるものです。

きのこと野菜《やさい》たっぷり焼《や》きそば

この焼《や》きそばは、包丁《ほうちょう》を使《つか》わずに手《て》とピーラー、フライパンだけで手軽《てがる》につくることができます。

フランスパンのナッツのせ

トースターで軽《かる》く焼《や》いたフランスパンにナッツと干《ほ》しぶどうをのせるだけなので、簡単《かんたん》につくれます。

かむ力《ちから》をつけるためには？

■かみごたえのある食《た》べ物《もの》を食《た》べる

■口《くち》にいっぱい入《い》れ過《す》ぎない

■食事《しょくじ》の時《とき》に水《みず》を飲《の》んで、流《なが》し込《こ》みながら食《た》べない

■毎食《まいしょく》よくかんで食《た》べることを心《こころ》がける

よくかむと唾液《だえき》がたくさん出《で》て、味《あじ》がよくわかるようになり、消化《しょうか》を助《たす》け、むし歯《ば》の予防《よぼう》にも役立《やくだ》つと、いわれています。

かむ力《ちから》をつけるにはかみごたえのある食《た》べ物《もの》を食《た》べるようにし、よくかむ意識《いしき》を高《たか》めることが大切《たいせつ》です。

自分《じぶん》でもかみかみ料理《りょうり》をつくって、よくかむ習慣《しゅうかん》をつけましょう。

監修 和洋女子大学 家政学部 教授 柳沢幸江先生

少年写真新聞
Juniors' Visual Journal
https://www.schoolpress.co.jp/
株式会社 少年写真新聞社 〒102-8232 東京都千代田区九段南4-7-16市ヶ谷KTビルⅠ TEL 03(3264)2624 FAX 03(5276)7785

給食ニュース

★定期刊行物は終わる期間を予定しない刊行物です。年度が替わりましても、購読中止のお申し出がない場合、引き続きニュースをご送付申し上げます。

給食ニュース 昭和39年5月4日第三種郵便物承認 2022年6月18日発行
第1864号 旬刊 毎月3回(8・18・28日)発行 1か年定価19,140円
1173
No.1864
2022年（令和４年）
6月18日号

食育の６つの視点
食事の重要性　感謝の心
心身の健康　社会性
食品を選択する能力　食文化

夏《なつ》に多《おお》い食中毒《しょくちゅうどく》と予防《よぼう》のポイント

食中毒《しょくちゅうどく》予防《よぼう》のために、細菌《さいきん》を「つけない・増《ふ》やさない・やっつける」を徹底《てってい》しましょう

購入後《こうにゅうご》は、なるべく早《はや》く食《た》べるか、出《だ》しっ放《ぱな》しにしないで冷蔵庫《れいぞうこ》に入《い》れましょう。

食中毒《しょくちゅうどく》を予防《よぼう》するための３つのポイント

調理前《ちょうりまえ》、生《なま》の肉《にく》や魚《さかな》、卵《たまご》を触《さわ》った後《あと》、食《た》べる前《まえ》は、石《せっ》けんを使《つか》って、ていねいに手《て》を洗《あら》います。

細菌《さいきん》を増《ふ》やさないためには、冷蔵庫《れいぞうこ》に入《い》れて低温《ていおん》で保存《ほぞん》し、早《はや》めに食《た》べることが大事《だいじ》です。

食品《しょくひん》の中心部《ちゅうしんぶ》を75℃で１分間《ぶんかん》以上《いじょう》加熱《かねつ》すると、ほとんどの細菌《さいきん》は死滅《しめつ》します。

細菌性食中毒《さいきんせいしょくちゅうどく》の月別《つきべつ》事件数《じけんすう》

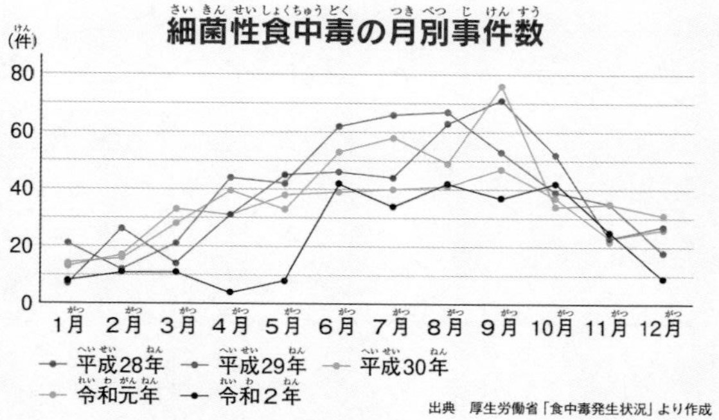

出典　厚生労働省「食中毒発生状況」より作成

5月《がつ》から9月《がつ》くらいは、細菌性食中毒《さいきんせいしょくちゅうどく》の発生件数《はっせいけんすう》が増加《ぞうか》しています。

細菌性食中毒《さいきんせいしょくちゅうどく》の原因菌《げんいんきん》

カンピロバクター　にわとりの腸《ちょう》にいる細菌《さいきん》で、とり肉《にく》やとり肉《にく》の内臓《ないぞう》を、生《なま》や加熱不十分《かねつふじゅうぶん》で食《た》べると発症《はっしょう》します。

黄色《おうしょく》ブドウ球菌《きゅうきん》　人《ひと》の皮膚《ひふ》などにいる細菌《さいきん》で、傷《きず》や手《て》あれがあると多《おお》く存在《そんざい》し、食品《しょくひん》に触《ふ》れると汚染《おせん》しやすくなります。

サルモネラ属菌《ぞくきん》　卵《たまご》や、にわとり、豚《ぶた》の腸《ちょう》などにいる細菌《さいきん》で、卵《たまご》や肉《にく》が原因食品《げんいんしょくひん》になり、生《なま》や加熱不十分《かねつふじゅうぶん》で食《た》べると発症《はっしょう》します。

ウエルシュ菌《きん》　室温《しつおん》で長時間放置《ちょうじかんほうち》したカレーや肉《にく》などの煮《に》込《こ》み料理《りょうり》が原因《げんいん》になることが多《おお》いです。

気温《きおん》が高《たか》くなる夏《なつ》は、細菌《さいきん》が増《ふ》えやすくなります。
原因《げんいん》になる細菌《さいきん》に汚染《おせん》された食品《しょくひん》を食《た》べると、食中毒《しょくちゅうどく》になり、おう吐《と》や下痢《げり》などが起《お》こります。
予防《よぼう》の三《みっ》つのポイントを守《まも》り、特《とく》に手洗《てあら》いは石《せっ》けんを使《つか》って、ていねいに行《おこな》いましょう。

監修　東京都健康安全研究センター 微生物部 食品微生物研究科 主任研究員　門間千枝先生

食中毒《しょくちゅうどく》のおもな症状《しょうじょう》

食中毒《しょくちゅうどく》は腹痛《ふくつう》や下痢《げり》、おう吐《と》、発熱《はつねつ》などが起《お》こります。

少年写真新聞
Juniors' Visual Journal
https://www.schoolpress.co.jp/
株式会社 少年写真新聞社 〒102-8232 東京都千代田区九段南4-7-16市ヶ谷KTビルI TEL 03(3264)2624 FAX 03(5276)7785

給食ニュース

給食ニュース 昭和39年5月4日第三種郵便物承認 2022年6月28日発行
第1865号 旬刊 毎月3回(8・18・28日)発行 1か年定価19,140円

食育の6つの視点
食事の重要性 感謝の心
心身の健康 社会性
食品を選択する能力 食文化

1173

No.1865
2022年（令和4年）
6月28日号

SDGsと食《しょく》 飲《の》み終《お》わった牛乳《ぎゅうにゅう》びん 牛乳《ぎゅうにゅう》パックのゆくえ

給食《きゅうしょく》の牛乳《ぎゅうにゅう》の容器《ようき》はごみとして捨《す》てられず、リユースやリサイクルされます

牛乳《ぎゅうにゅう》びん

空《から》になったびん → 回収《かいしゅう》 → びんを洗《あら》う → 牛乳《ぎゅうにゅう》を入《い》れる → リユース（再利用《さいりよう》）

牛乳《ぎゅうにゅう》びんは回収《かいしゅう》されて、牛乳《ぎゅうにゅう》の工場《こうじょう》に運《はこ》ばれます。

写真提供　株式会社塚田牛乳

ごみなどを取《と》り除《のぞ》き、高温《こうおん》の湯《ゆ》で洗浄《せんじょう》と殺菌消毒《さっきんしょうどく》をして乾燥《かんそう》させます。

写真提供　株式会社塚田牛乳

きれいになったびんに再《ふたた》び牛乳《ぎゅうにゅう》が詰《つ》められて、出荷《しゅっか》されます。

みなさんの給食《きゅうしょく》に再《ふたた》び登場《とうじょう》します。牛乳《ぎゅうにゅう》びんはくり返《かえ》し使《つか》われます。

牛乳《ぎゅうにゅう》パック

空《から》になった牛乳《ぎゅうにゅう》パック → 回収《かいしゅう》 → 製紙会社《せいしがいしゃ》 → リサイクル（再生利用《さいせいりよう》）

牛乳《ぎゅうにゅう》、ジュース、コーヒー、茶《ちゃ》などの紙《かみ》パックに表示《ひょうじ》されるマークです。

牛乳《ぎゅうにゅう》パックは洗《あら》ってかわかして回収《かいしゅう》され、製紙会社《せいしがいしゃ》や再生紙《さいせいし》の工場《こうじょう》に運《はこ》ばれます。

写真提供　丸富製紙株式会社

ビニールの部分《ぶぶん》は取《と》り除《のぞ》かれ、厚紙《あつがみ》の部分《ぶぶん》はとかされて紙《かみ》の原料《げんりょう》になります。

使用済《しようず》み牛乳《ぎゅうにゅう》パックを原料《げんりょう》として使《し》用《よう》した商品《しょうひん》に表示《ひょうじ》されるマークです。

トイレットペーパーなどの紙製品《かみせいひん》に生《う》まれかわります。

ごみを減《へ》らす 3Rって何《なに》？

3Rとは「リデュース（Reduce）」「リユース（Reuse）」「リサイクル（Recycle）」の3つのRの総称《そうしょう》で、資《し》源《げん》を循環《じゅんかん》させながら利用《りよう》し続《つづ》けるための方法《ほうほう》です。

リデュースは必要《ひつよう》な分《ぶん》だけ買《か》うなど、ごみの発生《はっせい》を減《へ》らすこと、リユースはくり返《かえ》し使《つか》ったり、必要《ひつよう》な人《ひと》に譲《ゆず》ったりすること、リサイクルは資源《しげん》として再生利用《さいせいりよう》することです。

SUSTAINABLE DEVELOPMENT GOALS

SDGsとは、Sustainable Development Goalsを略《りゃく》したもので、持続可能《じぞくかのう》な開発目標《かいはつもくひょう》のことです。よりよい世界《せかい》を目指《めざ》すために、2030年《ねん》までにすべての国《くに》の人《ひと》が、自主的《じしゅてき》に取《と》り組《く》んでいくための17の目標《もくひょう》が設定《せってい》されています。

目標《もくひょう》12
持続可能《じぞくかのう》な消費《しょうひ》と生産《せいさん》のパターンを確保《かくほ》する。

給食《きゅうしょく》で使用《しよう》した牛乳《ぎゅうにゅう》びんは洗浄《せんじょう》・消毒《しょうどく》した後《あと》にくり返《かえ》し使《つか》われ、牛乳《ぎゅうにゅう》パックも資源《しげん》として利用《りよう》されるものがあります。

牛乳《ぎゅうにゅう》びんのようにくり返《かえ》し使《つか》うことをリユース、牛乳《ぎゅうにゅう》パックのように原料《げんりょう》まで戻《もど》して、資源《しげん》として再生利用《さいせいりよう》することをリサイクルといいます。

これらは、SDGsの目標《もくひょう》12にあたり、持続可能《じぞくかのう》な消費《しょうひ》と生産《せいさん》の取《と》り組《く》みです。

監修　京都大学大学院 地球環境学堂 准教授　浅利美鈴先生

少年写真新聞 Juniors' Visual Journal
https://www.schoolpress.co.jp/

給食ニュース

食育の６つの視点
食事の重要性 感謝の心
心身の健康 社会性
食品を選択する能力 食文化

No.1866-(1)
2022年（令和4年）
7月8日号
8341

めくってみよう！ 夏《なつ》を元気《げんき》に過《す》ごす ○×クイズ

のどがかわいたら一気《いっき》に水分補給《すいぶんほきゅう》をすればよい

食欲《しょくよく》がない時《とき》は食事《しょくじ》を抜《ぬ》いても大丈夫《だいじょうぶ》

夏野菜《なつやさい》を食《た》べると水分補給《すいぶんほきゅう》にもなる

屋内《おくない》で過《す》ごしていれば熱中症《ねっちゅうしょう》にならない

暑《あつ》い時《とき》は、冷《つめ》たいものをたくさんとるとよい

夜《よ》ふかしをせず、睡眠時間《すいみんじかん》を十分《じゅうぶん》にとる

熱中症《ねっちゅうしょう》とは

熱中症《ねっちゅうしょう》は、暑《あつ》さで体温《たいおん》が上《あ》がると共《とも》に、脱水状態《だっすいじょうたい》や塩分欠乏《えんぶんけつぼう》などによって、体温《たいおん》の調節《ちょうせつ》ができなくなり、さまざまな体調《たいちょう》不良《ふりょう》が起《お》きる障害《しょうがい》です。

熱中症《ねっちゅうしょう》の予防《よぼう》

熱中症《ねっちゅうしょう》を防《ふせ》ぐには、こまめな水分補給《すいぶんほきゅう》が大切《たいせつ》です。運動《うんどう》をする時《とき》は涼《すず》しい場所《ばしょ》でこまめに休《やす》み、汗《あせ》を多《おお》くかく時《とき》は、経口補水液《けいこうほすいえき》などで塩分補給《えんぶんほきゅう》も考《かんが》えましょう。また、ふだんから軽《かる》めの運動《うんどう》で汗《あせ》をかくようにしていると、熱中症《ねっちゅうしょう》にかかりにくくなります（暑熱順化《しょねつじゅんか》）。

のりしろ②

つくり方

1. ----- をはさみで切ります。「熱中症とは」の部分は、切り取って掲示用写真ニュースの近くに掲示してください。
2. のりしろ①にのりづけをして、「屋内で過ごしていれば熱中症にならない」の段をはりつけます。
3. のりしろ②（つくり方が書かれているこの部分）にのりづけをして、タイトルの部分を重ねて上下２枚をはり合わせます。

×水分補給《すいぶんほきゅう》はのどがかわく前《まえ》にします

のどがかわいている時《とき》には、すでに脱水状態《だっすいじょうたい》になっているので、のどがかわく前《まえ》にこまめに水《みず》や麦茶《むぎちゃ》などをとります。ジュースなどを水《みず》のかわりに飲《の》むと糖分《とうぶん》のとり過《す》ぎになるので、注意《ちゅうい》します。

×三食《さんしょく》で水分《すいぶん》やエネルギー、栄養《えいよう》をとりましょう

1日《にち》に必要《ひつよう》な水分《すいぶん》のうち、約半分《やくはんぶん》は食事《しょくじ》からとっています。三食《さんしょく》をとらなければ、水分不足《すいぶんぶそく》で熱中症《ねっちゅうしょう》になりやすくなり、また、エネルギー不足《ぶそく》や栄《えい》養《よう》の偏《かたよ》りで体調《たいちょう》をくずしやすくなります。

○夏野菜《なつやさい》には多《おお》くの水分《すいぶん》が含《ふく》まれています

トマトやきゅうり、なす、ピーマンなどの夏《なつ》が旬《しゅん》の野菜《やさい》は、水分《すいぶん》が豊富《ほうふ》なものが多《おお》く、食事《しょくじ》を通《とお》して水分《すいぶん》をとることができます。旬《しゅん》の野菜《やさい》は栄養《えいよう》もしっかりとれるので、たくさん食《た》べるようにします。

熱中症《ねっちゅうしょう》になりやすい時期《じき》

熱中症《ねっちゅうしょう》が起《お》こりやすいのは、暑《あつ》さに慣《な》れていない梅雨《つゆ》の合間《あいま》の急《きゅう》に暑《あつ》くなった頃《ころ》と、梅雨《つゆ》明《あ》けから８月《がつ》の暑《あつ》い時季《じき》です。暑《あつ》い日《ひ》はもちろん、急《きゅう》に暑《あつ》くなった日《ひ》にも十分《じゅうぶん》に注意《ちゅうい》します。

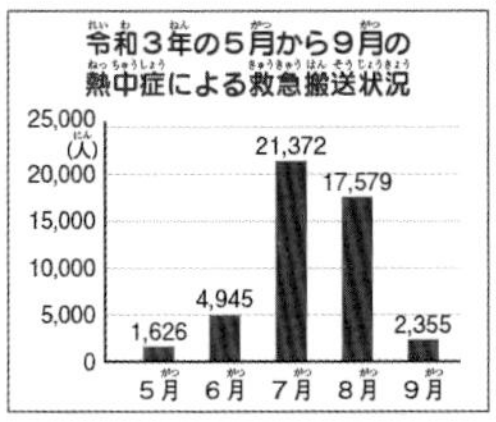

出典　消防庁「令和3年（5月から9月）の熱中症による救急搬送状況」より作成

のりしろ①

×屋内《おくない》でも熱中症《ねっちゅうしょう》が起《お》きる危険《きけん》があります

熱中症《ねっちゅうしょう》は、気温《きおん》や湿度《しつど》が高《たか》い場所《ばしょ》で起《お》こりやすく、体育館《たいいくかん》や家《いえ》の中《なか》などの屋内《おくない》でも起《お》こります。屋内《おくない》ではこまめな換気《かんき》を心《こころ》がけて、暑《あつ》い時《とき》にはがまんをしないで冷房《れいぼう》をつけましょう。

×冷《つめ》たいもののとり過《す》ぎは夏《なつ》ばての原因《げんいん》になります

冷《つめ》たい飲《の》み物《もの》や食《た》べ物《もの》をたくさん食《た》べていると、胃《い》や腸《ちょう》の働《はたら》きが悪《わる》くなって、腹痛《ふくつう》や下痢《げり》、便秘《べんぴ》などの体調不良《たいちょうふりょう》を起《お》こしやすくなります。常《じょう》温《おん》のものや温《あたた》かいものもとるようにします。

○睡眠不足《すいみんぶそく》は体調不良《たいちょうふりょう》の原因《げんいん》にもなります

夜《よ》ふかしや朝寝坊《あさねぼう》などで生活《せいかつ》リズムが乱《みだ》れると、昼間《ひるま》は眠《ねむ》くて、夜《よる》は眠《ねむ》りにくいという悪循環《あくじゅんかん》になります。すると睡眠不足《すいみんぶそく》になり、元気《げんき》に過《す》ごせません。夏休《なつやす》みの間《あいだ》も、規則正《きそくただ》しい生活《せいかつ》を心《こころ》がけましょう。

夏休《なつやす》みの間《あいだ》もふだんの生活《せいかつ》と同《おな》じように、早起《はやお》きや早寝《はやね》、栄養《えいよう》バランスのよい三度《さんど》の食事《しょくじ》を大切《たいせつ》にするように心《こころ》がけます。また、適切《てきせつ》な水分補給《すいぶんほきゅう》などを行《おこな》い、熱中症《ねっちゅうしょう》を防《ふせ》ぎましょう。

夏《なつ》は暑《あつ》さで食欲《しょくよく》がなくなったり、疲《つか》れやすくなったりして、体調《たいちょう》をくずしやすい季節《きせつ》です。また、熱中症《ねっちゅうしょう》の危険《きけん》もある時季《じき》なので十分《じゅうぶん》に注意《ちゅうい》が必要《ひつよう》です。食事《しょくじ》や水分《すいぶん》、睡眠《すいみん》をしっかりととり、夏《なつ》を元気《げんき》に過《す》ごしましょう。

監修　兵庫医科大学 小児科学 特別招聘教授　服部益治先生

少年写真新聞
Juniors' Visual Journal
https://www.schoolpress.co.jp/
株式会社 少年写真新聞社 〒102-8232 東京都千代田区九段南4-7-16市ヶ谷KTビルI TEL 03(3264)2624 FAX 03(5276)7785

給食ニュース

給食ニュース 昭和39年5月4日第三種郵便物承認 2022年7月18日発行
第1867号 旬刊 毎月3回(8・18・28日)発行 1か年定価19,140円
8341
No.1867
2022年(令和4年)
7月18日号

食育の6つの視点
食事の重要性 感謝の心
心身の健康 社会性
食品を選択する能力 食文化

スポーツと食《しょく》 運動後《うんどうご》の疲労回復《ひろうかいふく》に役立《やくだ》つ食事《しょくじ》

試合《しあい》や練習《れんしゅう》の後《あと》などに、補食《ほしょく》を利用《りよう》しながら栄養《えいよう》を速《すみ》やかに補給《ほきゅう》しよう

試合後《しあいご》などはできるだけ早《はや》めに、糖質《とうしつ》（ごはんやパンなど）やたんぱく質《しつ》（魚《さかな》や肉《にく》、卵《たまご》など）、ビタミンB1（豚肉《ぶたにく》や豆《まめ》・豆製品《まめせいひん》など）を含《ふく》む栄養《えいよう》バランスのよい食事《しょくじ》をとります。

疲労回復《ひろうかいふく》のための食事《しょくじ》のポイント

★基本《きほん》は栄養《えいよう》バランスのよい食事《しょくじ》をとる

★エネルギーをつくるために必要《ひつよう》なビタミンB_1の多《おお》い食品《しょくひん》をとる　例《れい》：豚肉《ぶたにく》、豆《まめ》・豆製品《まめせいひん》、さけ、ごまなど

★消化《しょうか》のよいものをとる

＋プラス　夏場《なつば》はこまめな水分補給《すいぶんほきゅう》をする

運動《うんどう》をする約《やく》40分前《ぶんまえ》に、200～500mL程度《ていど》の水分補給《すいぶんほきゅう》をし、運動《うんどう》中《ちゅう》は1回《かい》200～250mLの補給《ほきゅう》を1時間《じかん》に3～4回《かい》くらい行《おこな》う。

十分《じゅうぶん》な休養《きゅうよう》も大切《たいせつ》です

疲労《ひろう》を回復《かいふく》させるためには、入浴《にゅうよく》して心身《しんしん》をリラックスさせ、十分《じゅうぶん》な睡眠《すいみん》をとります。

夕食《ゆうしょく》までの時間《じかん》を考《かんが》えて補食《ほしょく》を利用《りよう》

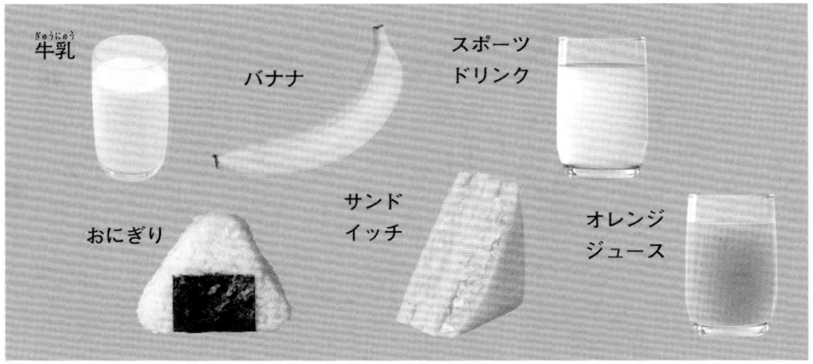

練習後《れんしゅうご》、夕食《ゆうしょく》までに時間《じかん》があく時《とき》や活動量《かつどうりょう》が多《おお》い運動《うんどう》をしている時《とき》は補食《ほしょく》を利用《りよう》します。

部活動《ぶかつどう》などで日常的《にちじょうてき》に運動《うんどう》をしている人《ひと》は、一日三食《いちにちさんしょく》をきちんととることを基本《きほん》にします。

そのうえで、試合《しあい》や練習《れんしゅう》の後《あと》には疲労《ひろう》を回復《かいふく》させるために、おにぎり、サンドイッチ、バナナなどの補食《ほしょく》で糖質《とうしつ》やたんぱく質《しつ》を補《おぎな》います。

そして夕食《ゆうしょく》は栄養《えいよう》バランスがよく、消化《しょうか》のよいものをとるようにします。

監修　日本体育大学 児童スポーツ教育学部 助教　安達瑞保先生

少年写真新聞
Juniors' Visual Journal
https://www.schoolpress.co.jp/
株式会社 少年写真新聞社 〒102-8232 東京都千代田区九段南4-7-16市ヶ谷KTビル1 TEL 03 (3264) 2624 FAX 03 (5276) 7785

給食ニュース

給食ニュース 昭和39年5月4日第三種郵便物承認 2022年8月8日発行
第1868号-(1) 旬刊 毎月3回(8・18・28日)発行 1か年定価19,140円
食育の6つの視点
食事の重要性 感謝の心
心身の健康 社会性
食品を選択する能力 食文化
No.1868-(1)
2022年(令和4年)
8月8日号
★定期刊行物は終わる期間を予定しない刊行物です。年度が替わりましても、購読中止のお申し出がない場合、引き続きニュースをご送付申し上げます。

SDGsと食《しょく》 限《かぎ》りある資源《しげん》である水《みず》を大切《たいせつ》に

水道《すいどう》の水《みず》を出《だ》しっ放《ぱな》しにしているとたくさんの水《みず》が無駄《むだ》になってしまいます

撮影協力 東京都 中野区立緑野中学校

水道《すいどう》の蛇口《じゃぐち》はこまめに閉《し》めて、水《みず》を大切《たいせつ》に使《つか》いましょう。

5分間《ふんかん》出《だ》しっ放《ぱな》しだと 約《やく》60Lの水《みず》が流《なが》れてしまいます！

出典 東京都水道局HP

SUSTAINABLE DEVELOPMENT GOALS

SDGsとは、Sustainable Development Goalsを略《りゃく》したもので、持続可能《じぞくかのう》な開発目標《かいはつもくひょう》のことです。世界《せかい》をかえるために、2030年《ねん》までにすべての国《くに》の人《ひと》が、自主的《じしゅてき》に取《と》り組《く》んでいくための17の目標《もくひょう》が設定《せってい》されています。

目標《もくひょう》6
すべての人々《ひとびと》に水《みず》と衛生《えいせい》へのアクセスと持続可能《じぞくかのう》な管理《かんり》を確保《かくほ》する

水《みず》を大切《たいせつ》に使《つか》うために

歯《は》をみがく時《とき》は水《みず》をコップにためる

皿《さら》などの汚《よご》れは洗《あら》う前《まえ》に拭《ふ》く

雨水《あまみず》をバケツにためて植物《しょくぶつ》にやる

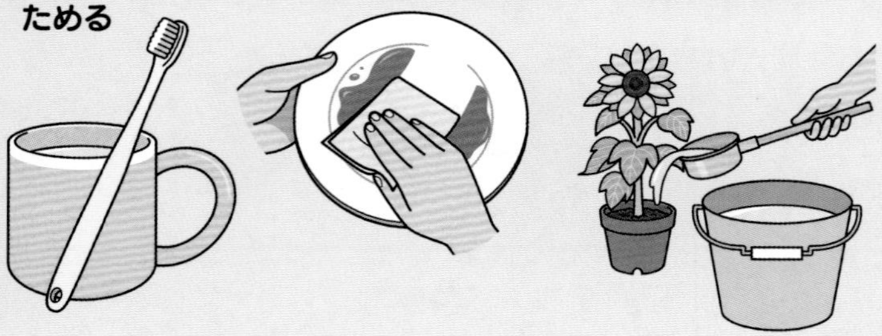

水《みず》を大切《たいせつ》に使《つか》うために、ほかにはどんなことができるのかを考《かんが》えてみましょう。

水《みず》は限《かぎ》りある大切《たいせつ》な資源《しげん》で、世界《せかい》には水《みず》が不足《ふそく》している国《くに》や、安全《あんぜん》な水《みず》を使《つか》うことができない国《くに》も多《おお》くあります。地球上《ちきゅうじょう》の水《みず》のうち、人間《にんげん》が使《つか》うことのできるのはほんのわずかです。水《みず》を大切《たいせつ》に使《つか》うためには水道《すいどう》の蛇口《じゃぐち》をこまめに閉《し》めるなど、できることを考《かんが》え、行動《こうどう》しましょう。

監修 東京大学 名誉教授 太田猛彦先生

少《すく》ない水資源《みずしげん》

地球上《ちきゅうじょう》の水《みず》のうち、人間《にんげん》が利用《りよう》できるのはわずか0.01%です。この水《みず》を世界中《せかいじゅう》の人《ひと》たちと使《つか》っています。

少年写真新聞
Juniors' Visual Journal
https://www.schoolpress.co.jp/
株式会社 少年写真新聞社 〒102-8232 東京都千代田区九段南4-7-16市ヶ谷KTビルⅠ TEL 03(3264)2624 FAX 03(5276)7785

給食ニュース

★定期刊行物は終わる期間を予定しない刊行物です。年度が替わりましても、購読中止のお申し出がない場合、引き続きニュースをご送付申し上げます。

給食ニュース 昭和39年5月4日第三種郵便物承認 2022年8月28日発行
第1869号 旬刊 毎月3回(8・18・28日)発行 1か年定価19,140円

食育の6つの視点
食事の重要性　感謝の心
心身の健康　社会性
食品を選択する能力　食文化

8341

No.1869
2022年（令和4年）
8月28日号

食《しょく》育《いく》まんが 子《こ》ども食堂《しょくどう》は楽《たの》しい団《だん》らんの場《ば》

監修　認定NPO法人豊島子どもWAKUWAKUネットワーク 理事長　栗林知絵子氏

少年写真新聞
Juniors' Visual Journal
https://www.schoolpress.co.jp/
株式会社 少年写真新聞社 〒102-8232 東京都千代田区九段南4-7-16市ヶ谷KTビルI TEL 03 (3264) 2624 FAX 03 (5276) 7785

給 食 ニ ュ ー ス

★定期刊行物は終わる期間を予定しない刊行物です。年度が替わりましても、購読中止のお申し出がない場合、引き続きニュースをご送付申し上げます。

給食ニュース 昭和39年5月4日第三種郵便物承認 2022年9月8日発行
第1870号 旬刊 毎月3回（8・18・28日）発行 1か年定価19,140円
8341
No.1870
2022年（令和4年）
9月8日号

食育の6つの視点
食事の重要性 感謝の心
心身の健康 社会性
食品を選択する能力 食文化

英語《えいご》でチャレンジ！ 食《た》べ物《もの》をグループにわけてみよう

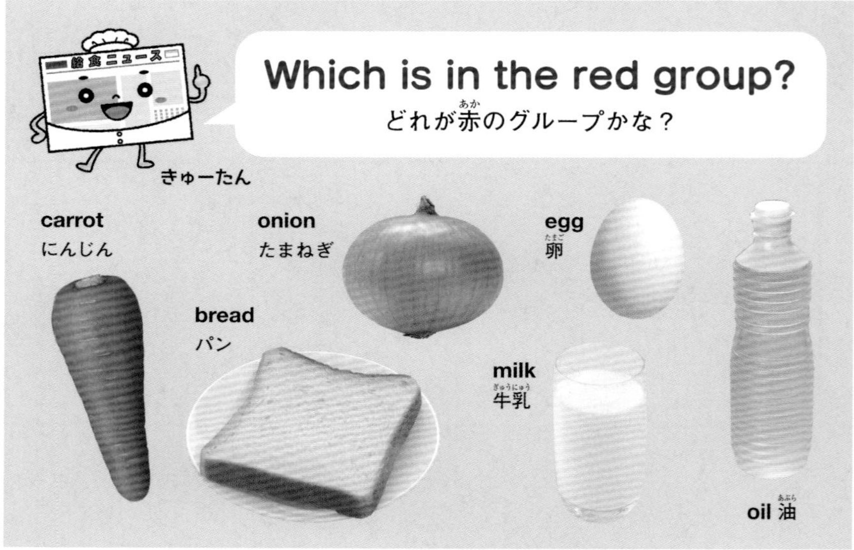

6つの食《た》べ物《もの》がそれぞれ、どのグループに入《はい》るのかを考《かんが》え、英語《えいご》でいってみましょう。

食品《しょくひん》のグループわけを英語《えいご》でいってみよう

Milk is in the ☐ group.
牛乳《ぎゅうにゅう》は☐のグループです。

An onion is in the ☐ group.
たまねぎは☐のグループです。

☐の中《なか》に入《はい》る言葉《ことば》を考《かんが》えてみましょう。

給食《きゅうしょく》でよく使《つか》われている食《た》べ物《もの》を英語《えいご》で、「三《みっ》つの食品《しょくひん》のグループ」にわけてみました。

給食《きゅうしょく》の時間内《じかんない》で学《まな》んだ、食《た》べ物《もの》の名前《なまえ》やグループわけを活用《かつよう》しながら、英語《えいご》での表現《ひょうげん》に挑戦《ちょうせん》してみましょう。身近《みぢか》な給食《きゅうしょく》を題材《だいざい》に英語《えいご》を使《つか》って話《はな》をしてみませんか。

監修 青山学院大学 文学部 英米文学科 教授 アレン玉井光江先生

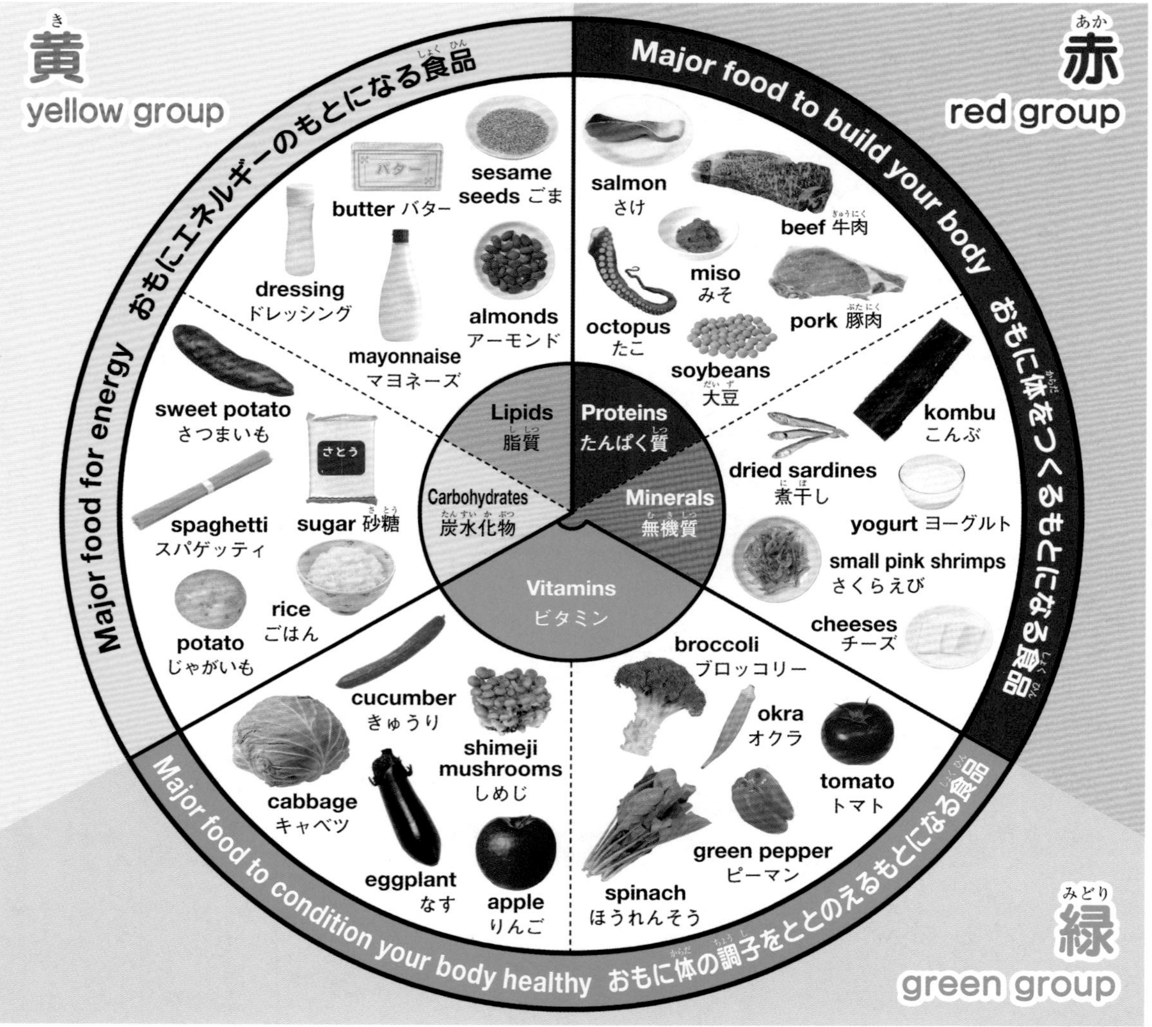

答え Milk is in the red group.牛乳は赤のグループです。
An onion is in the green group.たまねぎは緑のグループです。

答え egg（卵）、milk（牛乳）

少年写真新聞
Juniors' Visual Journal
https://www.schoolpress.co.jp/
株式会社 少年写真新聞社 〒102-8232 東京都千代田区九段南4-7-16市ヶ谷KTビルI TEL 03(3264)2624 FAX 03(5276)7785

給食ニュース

給食ニュース 昭和39年5月4日第三種郵便物承認 2022年9月18日発行
第1871号 旬刊 毎月3回(8・18・28日)発行 1か年定価19,140円
No.1871
2022年(令和4年)
9月18日号

食育の6つの視点
食事の重要性 感謝の心
心身の健康 社会性
食品を選択する能力 食文化

日本《にほん》の伝統的《でんとうてき》な食品《しょくひん》 全国《ぜんこく》みそマップ

日本各地《にほんかくち》には、色《いろ》や香《かお》りなどが異《こと》なる、さまざまなみそがあります。

撮影協力 佐野みそ亀戸本店

日本各地《にほんかくち》のみそ

……米《こめ》みそ
……豆《まめ》みそ
……麦《むぎ》みそ

農林水産省HPより一部改変

みそは大豆《だいず》とこうじと塩《しお》を原料《げんりょう》としてつくる、日本《にほん》の伝統的《でんとうてき》な食品《しょくひん》です。こうじの種類《しゅるい》で米《こめ》みそ、麦《むぎ》みそ、豆《まめ》みその三《みっ》つの種類《しゅるい》に大《おお》きくわけられ、味《あじ》や色《いろ》でも分類《ぶんるい》されます。日本各地《にほんかくち》のさまざまなみそを調《しら》べてみましょう。

監修 日本薬科大学 特任教授・東京大学 名誉教授 北本勝ひこ先生

米《こめ》みそ

大豆《だいず》に米《こめ》こうじを合《あ》わせてつくるみそで、色《いろ》も味《あじ》もさまざまです。日本《にほん》で生産《せいさん》されるみその約《やく》8割《わり》を占《し》めています。

仙台《せんだい》みそ
【宮城県《みやぎけん》】

辛口《からくち》の赤《あか》みそ。塩味《えんみ》とうま味《み》のバランスがよいみそです。

信州《しんしゅう》みそ
【長野県《ながのけん》】

中辛口《ちゅうからくち》で薄《うす》い色《いろ》。長野県《ながのけん》だけではなく全国《ぜんこく》で生産《せいさん》されています。

関西白《かんさいしろ》みそ
【関西地方《かんさいちほう》】

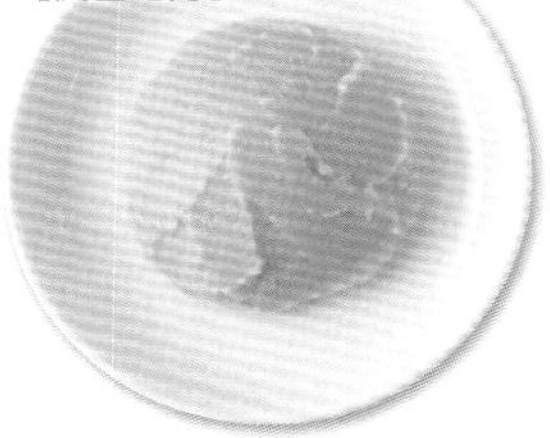

甘口《あまくち》の白《しろ》みそ。寝《ね》かせる期間《きかん》は短《みじか》く、関西《かんさい》の雑煮《ぞうに》に使《つか》われます。

豆《まめ》みそ

大豆《だいず》と塩《しお》が原料《げんりょう》のみそです。熟成《じゅくせい》には3年《ねん》ほどの長《なが》い時間《じかん》がかかるのが特徴《とくちょう》です。

東海豆《とうかいまめ》みそ
【愛知県《あいちけん》・三重県《みえけん》・岐阜県《ぎふけん》】

味《あじ》も色《いろ》も濃《こ》い辛口《からくち》の赤《あか》みそ。中京《ちゅうきょう》地方《ちほう》でつくられるみそのことです。

麦《むぎ》みそ

大豆《だいず》に麦《むぎ》こうじを合《あ》わせてつくるみそで、おもに九州《きゅうしゅう》や四国《しこく》地方《ちほう》でつくられています。

瀬戸内麦《せとうちむぎ》みそ
【愛媛県《えひめけん》・山口県《やまぐちけん》・広島県《ひろしまけん》】

甘口《あまくち》で薄《うす》い色《いろ》。麦《むぎ》こうじが多《おお》く香《かお》りと甘味《あまみ》があります。

九州麦《きゅうしゅうむぎ》みそ
【九州地方《きゅうしゅうちほう》】

色《いろ》があまり濃《こ》くない甘口《あまくち》。地域《ちいき》により色《いろ》や味《あじ》が違《ちが》います。

少年写真新聞
Juniors' Visual Journal
https://www.schoolpress.co.jp/
株式会社 少年写真新聞社　〒102-8232 東京都千代田区九段南4-7-16市ヶ谷KTビルⅠ TEL 03（3264）2624　FAX 03（5276）7785

給食ニュース

給食ニュース　昭和39年5月4日第三種郵便物承認　2022年9月28日発行
第1872号　旬刊　毎月3回（8・18・28日）発行　1か年定価19,140円
食育の6つの視点
食事の重要性　感謝の心　心身の健康　社会性　食品を選択する能力　食文化
8341
No.1872
2022年（令和4年）
9月28日号

おいしく見《み》せる料理《りょうり》の盛《も》りつけ

盛《も》りつけ方《かた》に少《すこ》し気《き》を配《くば》るだけで、よりおいしそうに見《み》せることができます

AとBのどちらがおいしそうに見《み》えますか？

A

B

料理《りょうり》のおいしさは、食《た》べ物《もの》の味《あじ》や香《かお》りだけで決《き》まるわけではありません。料理《りょうり》の盛《も》りつけ方《かた》、彩《いろど》りのよさや艶《つや》などの見《み》た目《め》も、おいしさに影響《えいきょう》するといわれています。

盛《も》りつけのポイント

ごはんは、かたまりをほぐして、こんもりと中央《ちゅうおう》を高《たか》くして盛《も》ります。

あえ物《もの》は、周《まわ》りに余白《よはく》(すき間《ま》)ができるように中央《ちゅうおう》を高《たか》くして盛《も》ります。

ソースなどが食器《しょっき》のふちについた時《とき》は、きれいに拭《ふ》き取《と》ります。

汁物《しるもの》は、おたまじゃくしで軽《かる》くかき混《ま》ぜ、実《み》をしっかり入《い》れてよそいます。

手軽《てがる》にできるもうひと工夫《くふう》

ランチョンマットや、テーブルクロスなどを使《つか》うと、見《み》た目《め》の印象《いんしょう》がかわるよ

きゅーたん

料理《りょうり》のおいしさは味《あじ》や香《かお》りのほか、見《み》た目《め》もとても重要《じゅうよう》です。

ごはんなどを高《たか》くこんもりと盛《も》りつけたり、皿《さら》の汚《よご》れを拭《ふ》き取《と》ったり、少《すこ》し気《き》を配《くば》るだけで、よりおいしそうに見《み》せることができます。

給食《きゅうしょく》や調理実習《ちょうりじっしゅう》の配膳《はいぜん》の時《とき》は、見《み》た目《め》がきれいになるように、工夫《くふう》して盛《も》りつけましょう。

監修　女子栄養大学短期大学部 食物栄養学科 教授　豊満美峰子先生

少年写真新聞
Juniors' Visual Journal
https://www.schoolpress.co.jp/
株式会社 少年写真新聞社 〒102-8232 東京都千代田区九段南4-7-16市ヶ谷KTビルⅠ TEL 03(3264)2624 FAX 03(5276)7785

給 食 ニ ュ ー ス

給食ニュース 昭和39年5月4日第三種郵便物承認 2022年10月8日発行
第1873号 旬刊 毎月3回(8・18・28日)発行 1か年定価19,140円

8341

食育の６つの視点
食事の重要性 感謝の心
心身の健康 社会性
食品を選択する能力 食文化

No.1873
2022年（令和４年）
10月８日号

ずっと食《た》べ継《つ》がれてきた 元気《げんき》な体《からだ》をつくる ごはん

ごはんは成長期《せいちょうき》の脳《のう》や体《からだ》によい働《はたら》きをし、田《た》んぼは地域《ちいき》の自然《しぜん》を守《まも》り続《つづ》けています

ごはんを食《た》べると体《からだ》の中《なか》ではどんな働《はたら》きをするのかな？

脳《のう》のエネルギー源《げん》になり、集中力《しゅうちゅうりょく》が増《ま》す

体《からだ》を動《うご》かすエネルギー源《げん》になる

成長期《せいちょうき》の体《からだ》をつくるもとになる

ごはんに多《おお》く含《ふく》まれている炭水化物《たんすいかぶつ》は、体内《たいない》でブドウ糖《とう》に分解《ぶんかい》されて、脳《のう》や体《からだ》のエネルギー源《げん》となります。また、筋肉《きんにく》や臓器《ぞうき》などの体《からだ》をつくるもとになる、大切《たいせつ》なたんぱく質《しつ》も含《ふく》まれています。

ごはんの中《なか》には、成長期《せいちょうき》に大切《たいせつ》な栄養素《えいようそ》がたくさん含《ふく》まれているので、わたしたちの体《からだ》に重要《じゅうよう》な食《た》べ物《もの》です。

一方《いっぽう》で、農家《のうか》の人《ひと》は苦労《くろう》して米《こめ》をつくり、地域《ちいき》の水《みず》の保全《ほぜん》や、豊《ゆた》かな自然環境《しぜんかんきょう》を育《はぐく》む田《た》んぼを守《まも》り続《つづ》けていますが、つくる人《ひと》の高齢化《こうれいか》や米《こめ》を食《た》べる量《りょう》が減《へ》っていることなどから、使《つか》われない田《た》んぼも増《ふ》えています。

ごはんをきちんと食《た》べることが、自分《じぶん》の健康《けんこう》や地域《ちいき》の自然環境《しぜんかんきょう》、食料《しょくりょう》問題《もんだい》にまでつながることを、改《あらた》めてよく考《かんが》えてみましょう。

協力 公益社団法人 米穀安定供給確保支援機構

地域《ちいき》でつくられ続《つづ》けてきた田《た》んぼと農家《のうか》の人《ひと》の役割《やくわり》

地下水《ちかすい》をつくる
洪水《こうずい》を防《ふせ》ぐ
暑《あつ》さをやわらげる
生《い》き物《もの》のすみかになる

田《た》んぼでは長《なが》い時間《じかん》をかけてしみ込《こ》んだ水《みず》が地下水《ちかすい》となるので水《みず》の保全《ほぜん》に役立《やくだ》ち、ダムのような働《はたら》きをして洪水《こうずい》を防《ふせ》いでいます。また、水《みず》の蒸発《じょうはつ》により空気《くうき》を冷《ひ》やして暑《あつ》さをやわらげ、多様《たよう》な生《い》き物《もの》のすみかとなるなど、地域《ちいき》の自然環境《しぜんかんきょう》に大切《たいせつ》な役割《やくわり》を果《は》たしています。

このような役割《やくわり》を持《も》つ田《た》んぼがあるのは、農家《のうか》の人《ひと》が苦労《くろう》をして米《こめ》をつくり続《つづ》けているおかげなのです。

今年《ことし》の２月《がつ》にロシアによるウクライナ侵攻《しんこう》が始《はじ》まりました。これにより、穀物《こくもつ》などの値段《ねだん》が上《あ》がり、日本《にほん》にも影響《えいきょう》が出《で》ています。日本《にほん》は多《おお》くの食《た》べ物《もの》を輸入《ゆにゅう》に頼《たよ》っていますが、米《こめ》は唯一《ゆいいつ》、100％国内生産《こくないせいさん》で賄《まかな》える食《た》べ物《もの》です。改《あらた》めて、自分《じぶん》たちの国《くに》でつくった米《こめ》を食《た》べ続《つづ》けることの大切《たいせつ》さを考《かんが》えてみましょう。

給食ニュース 昭和39年5月4日第三種郵便物承認 2022年10月8日発行 第1873号 旬刊 毎月3回(8・18・28日)発行 1か年定価19,140円

少年写真新聞
Juniors' Visual Journal
https://www.schoolpress.co.jp/

給　食　ニ　ュ　ー　ス

給食ニュース　昭和39年５月４日第三種郵便物承認　2022年10月18日発行
第1874号　旬刊　毎月３回（８・18・28日）発行　１か年定価19,140円

食育の６つの視点
食事の重要性　感謝の心
心身の健康　社会性
食品を選択する能力　食文化

No.1874
2022年（令和４年）
10月18日号

8341

★定期刊行物は終わる期間を予定しない刊行物です。年度が替わりましても、購読中止のお申し出がない場合、引き続きニュースをご送付申し上げます。

自分《じぶん》できる！
シリーズ

カルシウムが手軽《てがる》にとれる間食《かんしょく》

成長期《せいちょうき》に大切《たいせつ》なカルシウムは不足《ふそく》しがちな栄養素《えいようそ》なので、積極的《せっきょくてき》にとりましょう

牛乳《ぎゅうにゅう》フルーツ寒天《かんてん》

1人分《ひとりぶん》

エネルギー	カルシウム	食塩相当量《しょくえんそうとうりょう》
119kcal	89mg	0.1g

使《つか》った材料《ざいりょう》（写真《しゃしん》は2人分《ふたりぶん》）

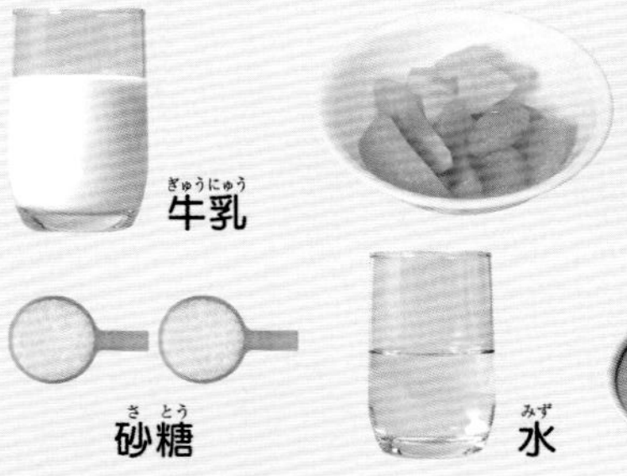

好《この》みのフルーツ
（缶詰《かんづめ》）
※パインアップル、
黄桃《おうとう》、みかん

こまつなとじゃこのチーズ入《い》りお好《この》み焼《や》き

1人分《ひとりぶん》

エネルギー	カルシウム	食塩相当量《しょくえんそうとうりょう》
253kcal	240mg	1.1g

使《つか》った材料《ざいりょう》（写真《しゃしん》は1人分《ひとりぶん》）

カルシウムを多《おお》く含《ふく》む食品《しょくひん》

カルシウムは、骨《ほね》や歯《は》の材料《ざいりょう》になり、成長期《せいちょうき》に積極的《せっきょくてき》にとりたい栄養素《えいようそ》です。
カルシウムが多《おお》い食品《しょくひん》は牛乳《ぎゅうにゅう》・乳製品《にゅうせいひん》、しらす干《ぼ》しなどの小魚《こざかな》、こまつななどの青菜《あおな》、豆《まめ》・豆製品《まめせいひん》などがあります。
これらの食材《しょくざい》を使《つか》って、不足《ふそく》しがちなカルシウムをとることができる間食《かんしょく》を、つくってみませんか。

監修　女子栄養大学　調理学研究室　准教授　奥嶋佐知子先生

一日《いちにち》に必要《ひつよう》な
カルシウム量《りょう》（mg）

	男性《だんせい》	女性《じょせい》
6～7歳《さい》	600	550
8～9歳《さい》	650	750
10～11歳《さい》	700	750
12～14歳《さい》	1000	800

出典　厚生労働省「日本人の食事摂取基準（2020年版）」

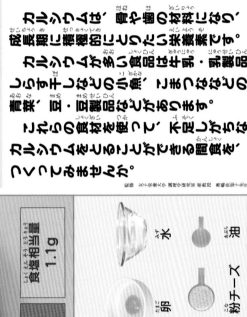

少年写真新聞
Juniors' Visual Journal
https://www.schoolpress.co.jp/
株式会社 少年写真新聞社 〒102-8232 東京都千代田区九段南4-7-16市ヶ谷KTビルI TEL 03(3264)2624 FAX 03(5276)7785

給 食 ニ ュ ー ス

★定期刊行物は終わる期間を予定しない刊行物です。年度が替わりましても、購読中止のお申し出がない場合、引き続きニュースをご送付申し上げます。

給食ニュース 昭和39年5月4日第三種郵便物承認 2022年10月28日発行
第1875号 旬刊 毎月3回（8・18・28日）発行 1か年定価19,140円
8341
No.1875
2022年（令和4年）
10月28日号

食育の６つの視点
食事の重要性 感謝の心
心身の健康 社会性
食品を選択する能力 食文化

SDGsと食《しょく》 給食《きゅうしょく》が子《こ》どもたちの命《いのち》を救《すく》う

食《た》べることは生《い》きることの基本《きほん》、学校給食《がっこうきゅうしょく》で命《いのち》をつなぐ子《こ》どもたちがいます

アフガニスタンの小学校《しょうがっこう》では栄養強化小麦粉《えいようきょうかこむぎこ》、大豆粉《だいずこ》、レーズンなどでつくった栄養価《えいようか》の高《たか》いパンが配《くば》られます。

©WFP/Sadeq Naseri

給食《きゅうしょく》を食《た》べることで栄養状態《えいようじょうたい》が改善《かいぜん》

©WFP/Rein Skullerud

給食《きゅうしょく》は家族《かぞく》が子《こ》どもを通学《つうがく》させる強《つよ》いきっかけになります。

©WFP/Emily Fredenberg

ルワンダで提供《ていきょう》された学校給食《がっこうきゅうしょく》。

※57か国《こく》で1550万人《まんにん》の子《こ》どもたちに給食《きゅうしょく》が出《だ》されたよ

※2021年の学校給食支援の実績数

きゅーたん

【給食《きゅうしょく》のメニュー例《れい》】

- とうもろこしと大豆《だいず》の粉《こな》をとかして煮《に》たおかゆ（ルワンダ）
- 魚缶《ぎょかん》のカレー（スリランカ）
- 栄養強化《えいようきょうか》ビスケット（数多《かずおお》くの国《くに》や地域《ちいき》）

世界《せかい》の子《こ》どもたちの現状《げんじょう》

紛争《ふんそう》
気候変動《きこうへんどう》
新型《しんがた》コロナウイルス感染症《かんせんしょう》
物価上昇《ぶっかじょうしょう》

などが原因《げんいん》で → ５人《にん》に１人《ひとり》が慢性的《まんせいてき》な栄養不足《えいようぶそく》

小《ちい》さなうちから慢性的《まんせいてき》な栄養《えいよう》不足《ぶそく》が続《つづ》くと身体的《しんたいてき》にも知的《ちてき》にも発達《はったつ》が遅《おく》れる心配《しんぱい》があります。世界《せかい》では、１億《おく》4900万人《まんにん》の５歳未満《さいみまん》の子《こ》どもが発育阻害《はついくそがい》（年齢《ねんれい》に対《たい》して身長《しんちょう》が低《ひく》過《す》ぎる）で、4500万人以上《まんにんいじょう》が身長《しんちょう》に対《たい》して体重《たいじゅう》が少《すく》な過《す》ぎています。

SUSTAINABLE DEVELOPMENT GOALS

SDGsとは、Sustainable Development Goalsを略《りゃく》したもので、持続可能《じぞくかのう》な開発目標《かいはつもくひょう》のことです。世界《せかい》をかえるために、2030年《ねん》までにすべての国《くに》の人《ひと》が、自主的《じしゅてき》に取《と》り組《く》んでいくための17の目標《もくひょう》が設定《せってい》されています。

目標《もくひょう》2
飢餓《きが》に終止符《しゅうしふ》を打《う》ち、食料《しょくりょう》の安定確保《あんていかくほ》と栄養《えいよう》状態《じょうたい》の改善《かいぜん》を達成《たっせい》すると共《とも》に、持続可能《じぞくかのう》な農《のう》業《ぎょう》を推進《すいしん》する。

世界《せかい》の子《こ》どもたちの中《なか》には空腹《くうふく》のため、学校《がっこう》で勉強《べんきょう》に集中《しゅうちゅう》できない子《こ》や、畑仕事《はたけしごと》、家事《かじ》などで学校《がっこう》に行《い》けない子《こ》がいます。

学校給食《がっこうきゅうしょく》があれば、子《こ》どもたちの栄養《えいよう》状態《じょうたい》がよくなり、集中《しゅうちゅう》して勉強《べんきょう》ができるようになるだけではなく家族《かぞく》が子《こ》どもを学校《がっこう》に通《かよ》わせるきっかけにもなります。

このような子《こ》どもたちの未来《みらい》のため、世界中《せかいじゅう》で給食支援《きゅうしょくしえん》が行《おこな》われています。

監修 認定NPO法人 国連WFP協会

参考文献 「世界の食料安全保障と栄養の現状 2022年報告（原題：The State of Food Security and Nutrition in the World 2022）」国連食糧農業機関（FAO）、国際農業開発基金（IFAD）、国連児童基金（UNICEF）、国連世界食糧計画（WFP）、世界保健機関（WHO）発行ほか

少年写真新聞
Juniors' Visual Journal
https://www.schoolpress.co.jp/
株式会社 少年写真新聞社 〒102-8232 東京都千代田区九段南4-7-16市ヶ谷KTビルI TEL 03(3264)2624 FAX 03(5276)7785

給食ニュース

給食ニュース 昭和39年5月4日第三種郵便物承認 2022年11月8日発行
第1876号 旬刊 毎月3回（8・18・28日）発行 1か年定価19,140円
食育の6つの視点
食事の重要性 感謝の心
心身の健康 社会性
食品を選択する能力 食文化
8341
No.1876
2022年（令和4年）
11月8日号

11月8日は いい歯《は》の日《ひ》 よくかむことは消化《しょうか》の始《はじ》まり

かみ砕《くだ》かれて細《こま》かくなった食《た》べ物《もの》が唾液《だえき》と混《ま》ざり合《あ》い、消化《しょうか》を助《たす》けます

ごはんをよくかんで食《た》べると、唾液《だえき》がたくさん出《で》て、口《くち》の中《なか》で甘《あま》くなります。

ごはんに含《ふく》まれるでんぷんの変化《へんか》

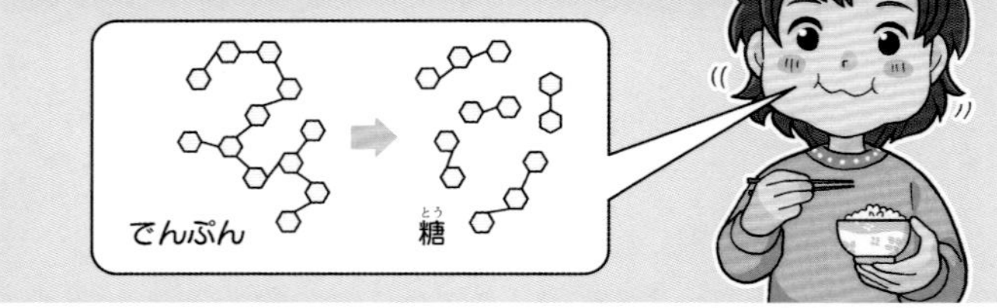

唾液《だえき》で分解《ぶんかい》されるでんぷん

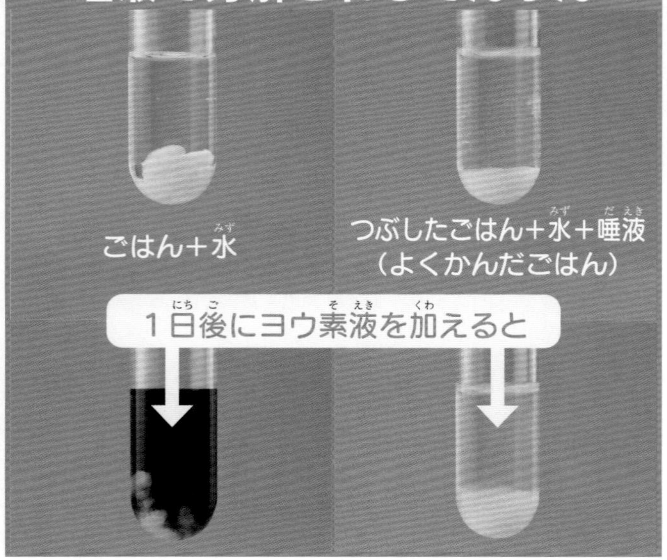

でんぷんを含《ふく》むごはんは、ヨウ素液《そえき》を加《くわ》えると紫色《むらさきいろ》になりますが、よくかんで唾液《だえき》と混《ま》ざったごはんは、でんぷんが分解《ぶんかい》されるので色《いろ》は変化《へんか》しません。

かむとよく出《で》る唾液《だえき》の働《はたら》き

かむとよく出《で》る唾液《だえき》には、消化吸収《しょうかきゅうしゅう》を助《たす》けたり、口《くち》の中《なか》を中性《ちゅうせい》に戻《もど》してむし歯《ば》を防《ふせ》いだり、かみ砕《くだ》いた食《た》べ物《もの》を包《つつ》み込《こ》んでのみ込《こ》みやすくしたりするなどの、たくさんの働《はたら》きがあります。

よくかむと唾液《だえき》がたくさん出《で》て、消化《しょうか》を助《たす》けてくれることについて、ヨウ素液《そえき》を使《つか》って実験《じっけん》をしました。

その結果《けっか》、つぶしたごはんに水《みず》と唾液《だえき》を入《い》れた場合《ばあい》では、色《いろ》の変化《へんか》がなく、でんぷんが分解《ぶんかい》されたことがわかりました。

よくかんで食《た》べる大切《たいせつ》さを知《し》って、毎回《まいかい》の食事《しょくじ》で、しっかりかむように心《こころ》がけましょう。

監修 順天堂大学 医学部 小児科学講座 先任准教授 工藤孝広先生

少年写真新聞
Juniors' Visual Journal
https://www.schoolpress.co.jp/
株式会社 少年写真新聞社 〒102-8232 東京都千代田区九段南4-7-16市ヶ谷KTビルI TEL03(3264)2624 FAX 03(5276)7785

給食ニュース

★定期刊行物は終わる期間を予定しない刊行物です。年度が替わりましても、購読中止のお申し出がない場合、引き続きニュースをご送付申し上げます。

8341
給食ニュース 昭和39年5月4日第三種郵便物承認 2022年11月18日発行
第1877号 旬刊 毎月3回(8・18・28日)発行 1か年定価19,140円
食育の6つの視点
食事の重要性 感謝の心
心身の健康 社会性
食品を選択する能力 食文化
No.1877
2022年（令和4年）
11月18日号

野菜《やさい》ではない菌類《きんるい》の仲間《なかま》 きのこ

不思議《ふしぎ》なきのこの生態《せいたい》や栄養成分《えいようせいぶん》を知《し》って、いろいろなきのこを味《あじ》わってみましょう

しいたけのかさの裏《うら》のひだから、とても小《ちい》さな胞子《ほうし》がたくさん出《で》ているのがわかります。

知《し》って いるかな？ きのこの栄養成分《えいようせいぶん》

きのこは、栄養成分《えいようせいぶん》のほかにも、うまみや香《かお》り成分《せいぶん》を多《おお》く含《ふく》んでいます。

いろいろな料理《りょうり》で きのこを食《た》べよう！

しいたけなどの「きのこ」は野菜《やさい》売《う》り場《ば》に並《なら》んでいますが、実《じつ》はパンなどをつくるのに使《つか》う酵母《こうぼ》と同《おな》じ仲間《なかま》で、菌類《きんるい》です。発芽《はつが》したきのこの胞子《ほうし》から、菌糸《きんし》が伸《の》びて成長《せいちょう》し、子実体《しじつたい》が大《おお》きくなったものを収穫《しゅうかく》します。地域《ちいき》によって、売《う》られているきのこにも、さまざまな違《ちが》いがあるので、調《しら》べてみましょう。

監修 国立科学博物館 植物研究部 研究主幹 保坂健太郎先生

きのこができるまでを見《み》てみよう

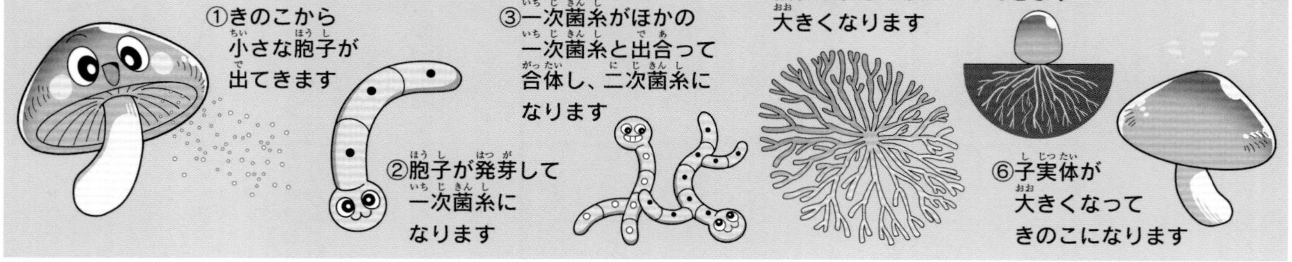

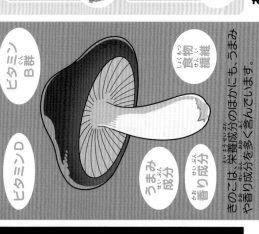

少年写真新聞
Juniors' Visual Journal
https://www.schoolpress.co.jp/
株式会社 少年写真新聞社 〒102-8232 東京都千代田区九段南4-7-16市ヶ谷KTビルⅠ TEL 03(3264)2624 FAX 03(5276)7785

給食ニュース

給食ニュース 昭和39年5月4日第三種郵便物承認 2022年11月28日発行
第1878号 旬刊 毎月3回(8・18・28日)発行 1か年定価19,140円

食育の6つの視点
食事の重要性 感謝の心
心身の健康 社会性
食品を選択する能力 食文化

8341

No.1878
2022年(令和4年)
11月28日号

食育《しょくいく》まんが バランスのよい栄養《えいよう》で元気《げんき》に育《そだ》つ体《からだ》

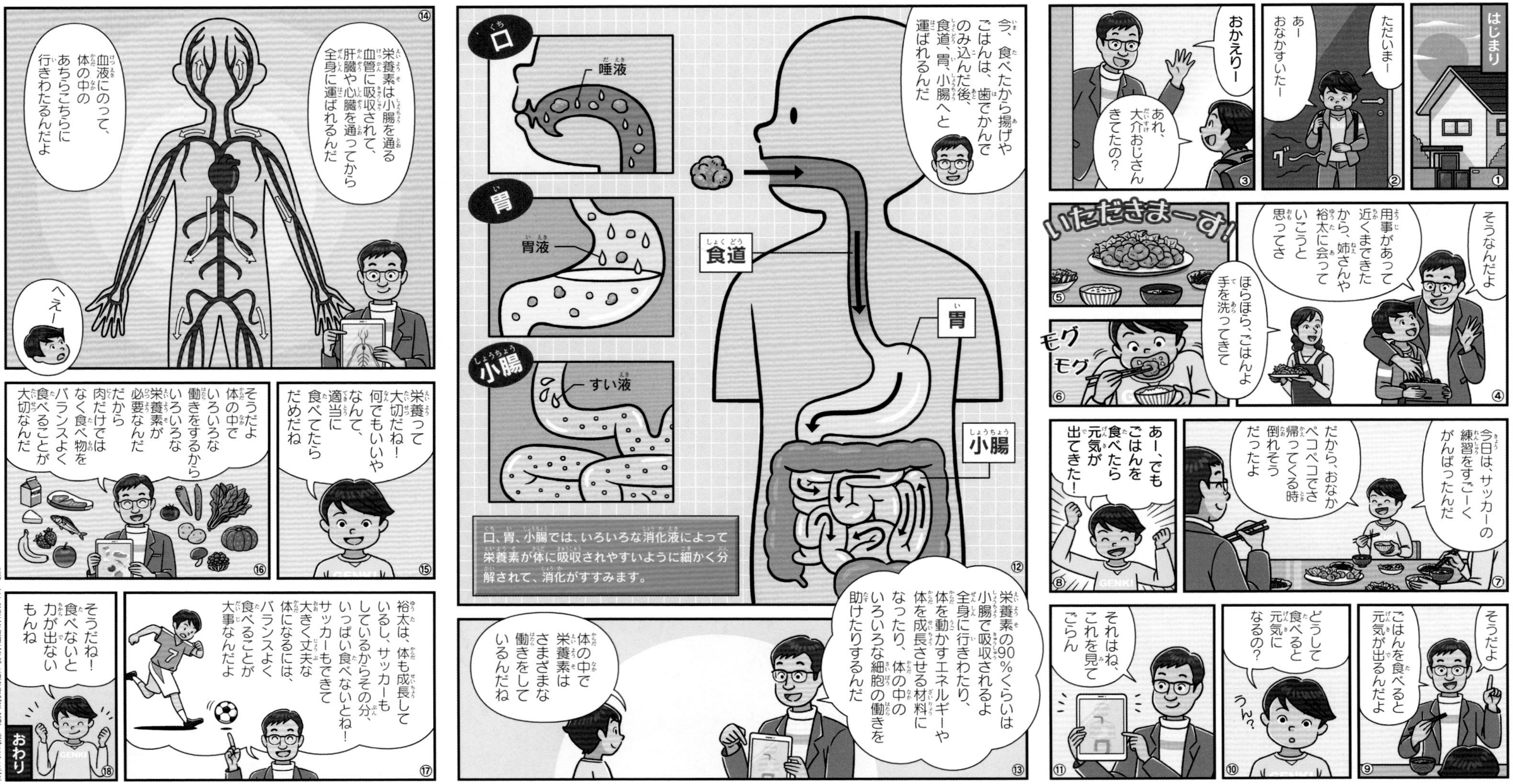

監修 女子栄養大学短期大学部 生理学研究室 教授 渋谷まさと先生

給食ニュース 昭和39年5月4日第三種郵便物承認 2022年11月28日発行 第1878号 旬刊 毎月3回(8・18・28日)発行 1か年定価19,140円

少年写真新聞
Juniors' Visual Journal
https://www.schoolpress.co.jp/

給食ニュース

食育の6つの視点
食事の重要性 感謝の心
心身の健康 社会性
食品を選択する能力 食文化

No.1879
2022年（令和4年）
12月8日号

めくってみよう！

クイズでSDGsを学《まな》ぼう

1日《にち》約《やく》200円《えん》で暮《く》らす人《ひと》は世界《せかい》に何人《なんにん》いる？

①約《やく》7000人《にん》
②約《やく》7万人《まんにん》
③約《やく》7億人《おくにん》

ここをめくろう

世界《せかい》で安全《あんぜん》に管理《かんり》された水《みず》を飲《の》めない人《ひと》は何人《なんにん》いる？

①約《やく》20億人《おくにん》
②約《やく》2億人《おくにん》
③約《やく》2000万人《まんにん》

ここをめくろう

このマークはどのような商品《しょうひん》に表示《ひょうじ》されている？

①デザインが優《すぐ》れた商品《しょうひん》
②古紙《こし》を使《つか》っている商品《しょうひん》
③適正《てきせい》な価格《かかく》で取《と》り引《ひ》きをしている商品《しょうひん》

ここをめくろう

2050年《ねん》に海《うみ》の中《なか》で魚《さかな》より多《おお》くなるのは？

①釣《つ》り針《ばり》
②プラスチック
③クラゲ

ここをめくろう

のりしろ②

つくり方

1. ----- をはさみで切ります。「SUSTAINABLE DEVELOPMENT GOALS」の部分は、切り取って掲示用写真ニュースの近くに掲示してください。
2. のりしろ①にのりづけをして、「このマークはどのような商品に表示されている？」の段をはりつけます。
3. のりしろ②（つくり方が書かれているこの部分）にのりづけをして、タイトルの部分を重ねて上下２枚をはり合わせます。

③約《やく》7億人《おくにん》

お金《かね》がないと、食《た》べ物《もの》や水《みず》が手《て》に入《はい》りません。病気《びょうき》になっても病院《びょういん》に行《い》くことができず、子《こ》どもは教育《きょういく》を受《う》けられません。「貧困《ひんこん》をなくす」はSDGsのもっとも重要《じゅうよう》な課題《かだい》なので、最初《さいしょ》の目標《もくひょう》になっています。

目標《もくひょう》1
あらゆる場所《ばしょ》で、あらゆる形態《けいたい》の貧困《ひんこん》に終止符《しゅうしふ》を打《う》つ

出典：世界銀行HP

①約《やく》20億人《おくにん》

世界《せかい》の人口《じんこう》の4人《にん》に1人《ひとり》にあたる約《やく》20億人《おくにん》が安全《あんぜん》な水《みず》を飲《の》むことができません。汚《よご》れた水《みず》を飲《の》んで病気《びょうき》になり、命《いのち》を落《お》とす子《こ》どもや、何時間《なんじかん》もかけて飲《の》み水《みず》をくみに行《い》くために、学校《がっこう》に通《かよ》えない子《こ》どもも多《おお》くいます。

目標《もくひょう》6
すべての人々《ひとびと》に水《みず》と衛生《えいせい》へのアクセスと持続可能《じぞくかのう》な管理《かんり》を確保《かくほ》する

出典：ユニセフ／WHO「家庭の水と衛生の前進2000-2020」

のりしろ①

③適正《てきせい》な価格《かかく》で取《と》り引《ひ》きをしている商品《しょうひん》

このマークは「国際《こくさい》フェアトレード認証《にんしょう》ラベル」です。開発途上国《かいはつとじょうこく》の原料《げんりょう》や品物《しなもの》を適正《てきせい》な価格《かかく》で継続的《けいぞくてき》に取《と》り引《ひ》きをしている商品《しょうひん》に表示《ひょうじ》され、その商品《しょうひん》を購入《こうにゅう》することで、途上国《とじょうこく》の生産者《せいさんしゃ》を支《ささ》えることができます。

目標《もくひょう》10
国内《こくない》および国家《こっか》間《かん》の不平等《ふびょうどう》を是正《ぜせい》する

②プラスチック

毎年《まいとし》、約《やく》800万《まん》トンのプラスチックが海《うみ》に流《なが》れ出《で》ていて、2050年《ねん》には海中《かいちゅう》のプラスチックの重量《じゅうりょう》が魚《さかな》を上回《うわまわ》るといわれています。海《うみ》の生物《せいぶつ》がプラスチックを食《た》べることでの生態系《せいたいけい》への悪影響《あくえいきょう》も心配《しんぱい》されています。

目標《もくひょう》14
海洋《かいよう》と海洋資源《かいようしげん》を持続可能《じぞくかのう》な開発《かいはつ》に向《む》けて保全《ほぜん》し、持続《じぞく》可能《かのう》な形《かたち》で利用《りよう》する

出典：エレン・マッカーサー財団「The New Plastics Economy:Rethinking the future of plastics」

目標《もくひょう》1「貧困《ひんこん》をなくそう」、6「安全《あんぜん》な水《みず》とトイレを世界中《せかいじゅう》に」、10「人《ひと》や国《くに》の不平等《ふびょうどう》をなくそう」、14「海《うみ》の豊《ゆた》かさを守《まも》ろう」について理解《りかい》を深《ふか》めましょう。

SDGsって何《なに》？

SDGs（持続可能《じぞくかのう》な開発目標《かいはつもくひょう》）とは、誰一人《だれひとり》取《と》り残《のこ》されることなく、人類《じんるい》が安定《あんてい》して地球《ちきゅう》で暮《く》らし続《つづ》けることができるように、世界《せかい》のさまざまな問題《もんだい》の解決《かいけつ》に向《む》けてつくられた17の目標《もくひょう》で、2030年《ねん》までの達成《たっせい》を目指《めざ》しています。

ずっと幸《しあわ》せに暮《く》らすための目標《もくひょう》だね！

きゅーたん

世界《せかい》には貧困《ひんこん》や飢餓《きが》、戦争《せんそう》、差別《さべつ》、地球温暖化《ちきゅうおんだんか》による気候変動《きこうへんどう》の深刻化《しんこくか》、感染症《かんせんしょう》など、たくさんの問題《もんだい》があります。

SDGsは、これらの問題《もんだい》を、解決《かいけつ》するためにつくられた17の目標《もくひょう》です。

クイズに答《こた》えながら、SDGsの目標《もくひょう》について学《まな》んでみましょう。

監修　相模女子大学大学院 社会起業研究科 教授　九里徳泰先生

少年写真新聞
Juniors' Visual Journal
https://www.schoolpress.co.jp/
株式会社 少年写真新聞社 〒102-8232 東京都千代田区九段南4-7-16市ヶ谷KTビルⅠ TEL 03 (3264) 2624 FAX 03 (5276) 7785

給食ニュース

★定期刊行物は終わる期間を予定しない刊行物です。年度が替わりましても、購読中止のお申し出がない場合、引き続きニュースをご送付申し上げます。

給食ニュース 昭和39年5月4日第三種郵便物承認 2022年12月18日発行
第1880号 旬刊 毎月3回（8・18・28日）発行 1か年定価19,140円
8341
食育の6つの視点
食事の重要性 感謝の心
心身の健康 社会性
食品を選択する能力 食文化
No.1880
2022年（令和4年）
12月18日号

洗《あら》い残《のこ》しに気《き》をつけて手《て》を洗《あら》おう

手《て》に残《のこ》ったウイルスが、口《くち》から体《からだ》に入《はい》らないように食事《しょくじ》の時《とき》の手《て》洗《あら》いが大切《たいせつ》です

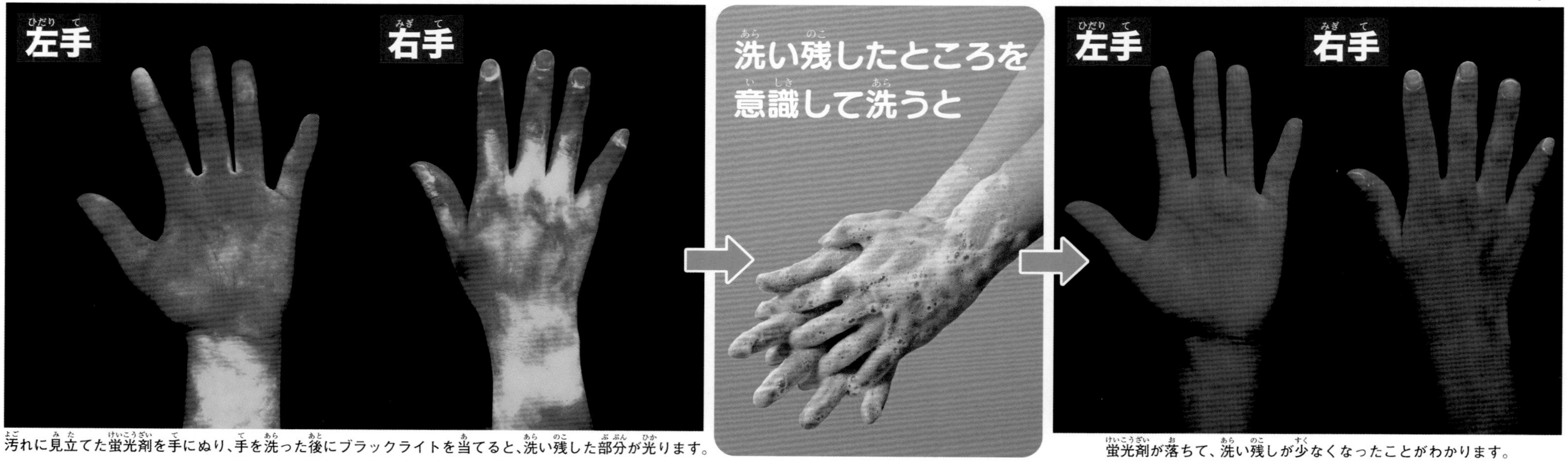

汚《よご》れに見立《みた》てた蛍光剤《けいこうざい》を手《て》にぬり、手《て》を洗《あら》った後《あと》にブラックライトを当《あ》てると、洗《あら》い残《のこ》した部分《ぶぶん》が光《ひか》ります。

蛍光剤《けいこうざい》が落《お》ちて、洗《あら》い残《のこ》しが少《すく》なくなったことがわかります。

手洗《てあら》いによるウイルスの数《かず》の変化《へんか》

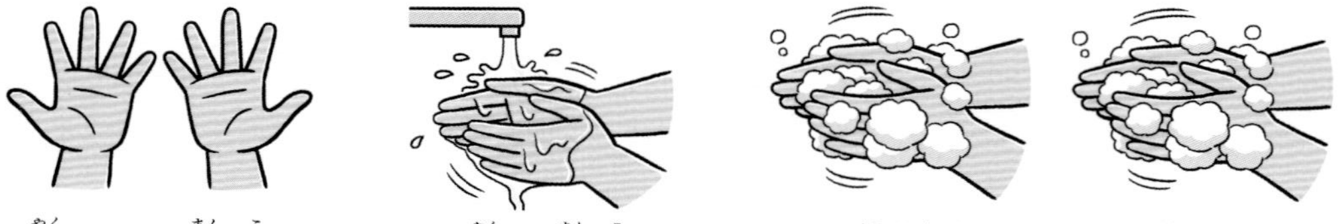

手洗《てあら》いなし	15秒流水《びょうりゅうすい》のみで洗《あら》う	石《せっ》けんあり：10秒洗《びょうあら》って15秒流水《びょうりゅうすい》ですすぐ	石《せっ》けんあり：60秒洗《びょうあら》って15秒流水《びょうりゅうすい》ですすぐ	石《せっ》けんあり：10秒洗《びょうあら》って15秒流水《びょうりゅうすい》ですすぐを2回《かい》くり返《かえ》す
約《やく》100万個《まんこ》 →	約《やく》1万個《まんこ》 →	数百個《すうひゃくこ》 →	数十個《すうじっこ》 →	数個《すうこ》

出典　森功次ほか「Norovirusの代替指標としてFeline Calicivirusを用いた手洗いによるウイルス除去効果の検討」『感染症学雑誌』80 (5)：496-500，2006より作成

蛍光剤《けいこうざい》と、ブラックライトを使《つか》った実験《じっけん》では、石《せっ》けんを使《つか》い、きちんと手《て》を洗《あら》ったつもりでも、洗《あら》い残《のこ》しがあるとわかりました。冬《ふゆ》には、ノロウイルスによる感染症《かんせんしょう》が数多《かずおお》く発生《はっせい》し、おもに手《て》や食品《しょくひん》を通《とお》して感染《かんせん》します。感染《かんせん》を防《ふせ》ぐには、洗《あら》い残《のこ》しがないように石《せっ》けんでていねいに手《て》を洗《あら》うことが大切《たいせつ》です。

監修　東京都健康安全研究センター 微生物部 病原細菌研究科　森 功次先生

少年写真新聞
Juniors' Visual Journal
https://www.schoolpress.co.jp/
株式会社 少年写真新聞社 〒102-8232 東京都千代田区九段南4-7-16市ヶ谷KTビルI TEL 03(3264)2624 FAX 03(5276)7785

給食ニュース

★定期刊行物は終わる期間を予定しない刊行物です。年度が替わりましても、購読中止のお申し出がない場合、引き続きニュースをご送付申し上げます。

給食ニュース　昭和39年5月4日第三種郵便物承認　2023年1月8日発行
第1881号　旬刊　毎月3回(8・18・28日)発行　1か年定価19,140円
8341
食育の6つの視点
食事の重要性　感謝の心
心身の健康　社会性
食品を選択する能力　食文化
No.1881
2023年（令和5年）
1月8日号

加熱《かねつ》すると、伸《の》びる、膨《ふく》らむ　もち

もち米《ごめ》を蒸《む》した「おこわ」をつぶして、何度《なんど》もつくことにより、もちになります

伸《の》びる　もちは加熱《かねつ》するとやわらかくなり、引《ひ》っ張《ぱ》ると長《なが》く伸《の》びます。

膨《ふく》らむ　もちは焼《や》くと、中《なか》の水分《すいぶん》が水蒸気《すいじょうき》になり、ぷくっと膨《ふく》らみます。

もちは昔《むかし》から日本人《にほんじん》に欠《か》かせない食《た》べ物《もの》で、正月《しょうがつ》や鏡開《かがみびら》きなどのある一月《いちがつ》は、食《た》べる機会《きかい》も多《おお》くなります。もちは原料《げんりょう》のもち米《ごめ》を蒸《む》してから、熱《あつ》いうちに何度《なんど》もついてつくります。

独特《どくとく》の粘《ねば》りがあって、引《ひ》っ張《ぱ》ると長《なが》く伸《の》びるもちの特徴《とくちょう》は、もち米《ごめ》に含《ふく》まれている「でんぷんの成分《せいぶん》」と、「よくつく」ことによって生《う》まれます。

もちができるまで

もちの原料《げんりょう》は、ふだん食《た》べている「うるち米《まい》」ではなく、「もち米《ごめ》」です。

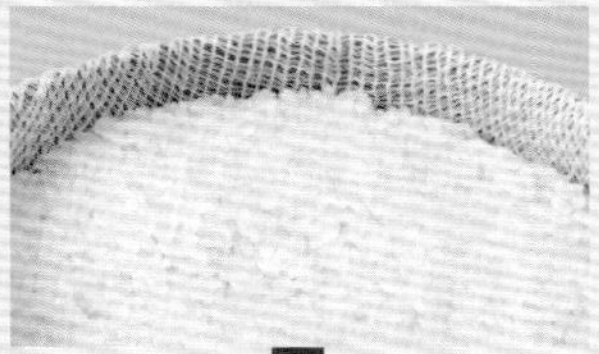

もち米《ごめ》を洗《あら》って、一晩《ひとばん》水《みず》につけておきます。ざるに入《い》れて水《みず》を切《き》ったら、もち米《ごめ》を蒸《む》します。

蒸《む》し上《あ》がったら、熱《あつ》いうちに、米《こめ》の粒《つぶ》をまんべんなくつぶします。その後《あと》に、こねながら何度《なんど》もつきます。

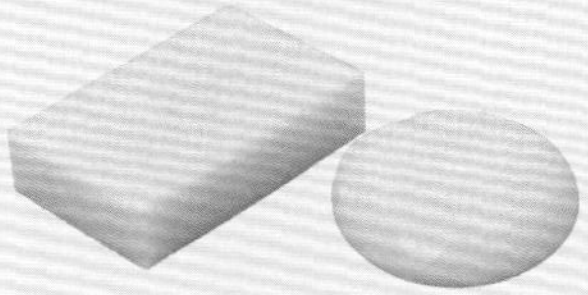

もちがつきあがったら、丸《まる》く形《かたち》をととのえたり、のしたりしてから切《き》りわけます。

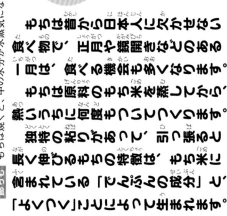

少年写真新聞
Juniors' Visual Journal
https://www.schoolpress.co.jp/
株式会社 少年写真新聞社 〒102-8232 東京都千代田区九段南4-7-16市ヶ谷KTビルI TEL 03(3264)2624 FAX 03(5276)7785

給食ニュース

★定期刊行物は終わる期間を予定しない刊行物です。年度が替わりましても、購読中止のお申し出がない場合、引き続きニュースをご送付申し上げます。

給食ニュース 昭和39年5月4日第三種郵便物承認 2023年1月18日発行
第1882号 旬刊 毎月3回（8・18・28日）発行 1か年定価19,140円
No.1882
2023年（令和5年）
1月18日号
8341

食育の6つの視点
食事の重要性　感謝の心
心身の健康　社会性
食品を選択する能力　食文化

全国学校《ぜんこくがっこう》
給食週間《きゅうしょくしゅうかん》

給食《きゅうしょく》の材料《ざいりょう》をたどってみると

地域《ちいき》や旬《しゅん》の食材《しょくざい》がたくさん使《つか》われていて、栄養《えいよう》のバランスがとれています

みかん

うんしゅうみかんは、自給率《じきゅうりつ》100%を超《こ》える果物《くだもの》です。

こまつな

こまつなは冬《ふゆ》が旬《しゅん》で、カルシウムや鉄《てつ》、ビタミンCが豊富《ほうふ》です。

米《こめ》

米《こめ》は大昔《おおむかし》からつくられていて、わたしたちの主食《しゅしょく》として欠《か》かせません。

牛乳《ぎゅうにゅう》

写真提供　JA北宗谷

牛乳《ぎゅうにゅう》は酪農家《らくのうか》の人《ひと》が乳牛《にゅうぎゅう》を育《そだ》て、乳《ちち》をしぼってつくられます。

さわら

撮影協力　いわき市漁業協同組合 四倉支所

日本《にほん》は海《うみ》に囲《かこ》まれているので、魚介類《ぎょかいるい》がたくさんとれます。

献立表《こんだてひょう》をよく見《み》てみよう！

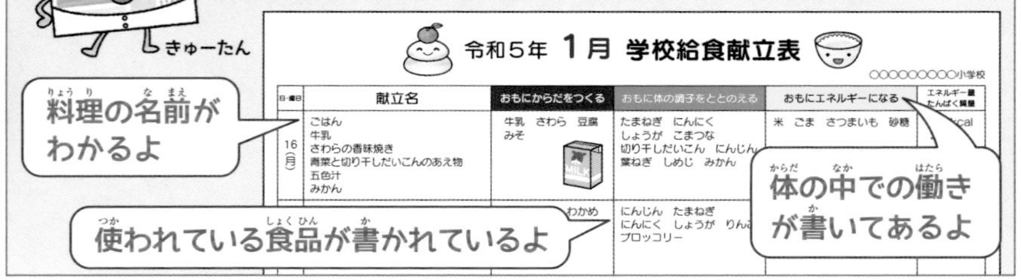

給食《きゅうしょく》の献立《こんだて》には、地域《ちいき》でとれた産物《さんぶつ》や、旬《しゅん》の野菜《やさい》、魚《さかな》などのさまざまな食品《しょくひん》が使《つか》われています。

献立《こんだて》は、栄養士《えいようし》の先生《せんせい》が、みなさんが元気《げんき》に過《す》ごせるように、栄養《えいよう》のバランスがよい内容《ないよう》を考《かんが》えています。

給食《きゅうしょく》でどのような食品《しょくひん》が使《つか》われているのかを知《し》り、料理《りょうり》を味《あじ》わってみましょう。

指導・助言　文部科学省 初等中等教育局 健康教育・食育課
学校給食調査官　齊藤るみ先生

少年写真新聞
Juniors' Visual Journal
https://www.schoolpress.co.jp/
株式会社 少年写真新聞社 〒102-8232 東京都千代田区九段南4-7-16市ヶ谷KTビルI TEL 03(3264)2624 FAX 03(5276)7785

給食ニュース

★定期刊行物は終わる期間を予定しない刊行物です。年度が替わりましても、購読中止のお申し出がない場合、引き続きニュースをご送付申し上げます。

給食ニュース 昭和39年5月4日第三種郵便物承認 2023年1月28日発行
第1883号 旬刊 毎月3回(8・18・28日)発行 1か年定価19,140円
8341
No.1883
2023年（令和５年）
１月28日号

食育の６つの視点
食事の重要性 感謝の心 心身の健康 社会性 食品を選択する能力 食文化

全国学校《ぜんこくがっこう》給食週間《きゅうしょくしゅうかん》

給食《きゅうしょく》の移《うつ》りかわりを見《み》てみよう

学校給食《がっこうきゅうしょく》はいろいろな時代《じだい》の子《こ》どもたちの健康《けんこう》や成長《せいちょう》を支《ささ》えてきました

日本《にほん》で最初《さいしょ》といわれる給食《きゅうしょく》
明治《めいじ》22年《ねん》（1889年《ねん》）

・おにぎり
・塩《しお》さけ
・菜《な》の漬物《つけもの》

写真提供 独立行政法人日本スポーツ振興センター

山形県《やまがたけん》の私立忠愛小学校《しりつちゅうあいしょうがっこう》で貧《まず》しい家庭《かてい》の子《こ》どもたちに昼《ちゅう》食《しょく》を提供《ていきょう》したのが、学校給食《がっこうきゅうしょく》の始《はじ》まりといわれています。

栄養改善《えいようかいぜん》のための給食《きゅうしょく》
大正《たいしょう》12年《ねん》（1923年《ねん》）

・五色《ごしき》ごはん
・栄養《えいよう》みそ汁《しる》

写真提供 独立行政法人日本スポーツ振興センター

学校給食《がっこうきゅうしょく》は、子《こ》どもたちの栄養改善《えいようかいぜん》のための方法《ほうほう》として国《くに》から奨励《しょうれい》され、全国《ぜんこく》に広《ひろ》がっていきました。

戦後《せんご》に再開《さいかい》した給食《きゅうしょく》
昭和《しょうわ》22年《ねん》（1947年《ねん》）

・トマトシチュー
・ミルク
（脱脂粉乳《だっしふんにゅう》）

写真提供 独立行政法人日本スポーツ振興センター

戦後《せんご》、食料難《しょくりょうなん》で栄養不足《えいようぶそく》の子《こ》どもたちのために、アメリカのアジア救済公認団体《きゅうさいこうにんだんたい》からの援助《えんじょ》で給食《きゅうしょく》が再開《さいかい》されます。

牛乳《ぎゅうにゅう》が登場《とうじょう》した頃《ころ》の給食《きゅうしょく》
昭和《しょうわ》38年《ねん》（1963年《ねん》）

・コッペパン
・ミルク（委託乳《いたくにゅう》）
・魚《さかな》のすり身《み》フライ
・マカロニサラダ
・マーガリン

写真提供 独立行政法人日本スポーツ振興センター

この頃《ころ》から脱脂粉乳《だっしふんにゅう》が牛乳《ぎゅうにゅう》にかわり始《はじ》め、昭和《しょうわ》39年《ねん》には1年《ねん》を通《つう》じて牛乳《ぎゅうにゅう》が提供《ていきょう》されるようになりました。

ごはんが登場《とうじょう》した頃《ころ》の給食《きゅうしょく》
昭和《しょうわ》52年《ねん》（1977年《ねん》）

・カレーライス
・牛乳《ぎゅうにゅう》
・塩《しお》もみ
・バナナ
・スープ

写真提供 独立行政法人日本スポーツ振興センター

昭和《しょうわ》51年《ねん》には米飯給食《べいはんきゅうしょく》が始《はじ》まり、主食《しゅしょく》はパンだけではなく、ごはんも出《だ》されるようになりました。

現在《げんざい》の給食《きゅうしょく》
令和《れいわ》５年《ねん》（2023年《ねん》）

・ごはん・牛乳《ぎゅうにゅう》
・さわらの香味焼《こうみや》き
・青菜《あおな》と切《き》り干《ぼ》し
だいこんのあえ物《もの》
・五色汁《ごしきじる》
・みかん

現在《げんざい》、わたしたちが食《た》べている給食《きゅうしょく》は、バランスのよい食事《しょくじ》の手本《てほん》として「生《い》きた教材《きょうざい》」の役割《やくわり》を担《にな》っています。

1月《がつ》24日《か》から30日《にち》は 全国学校給食週間《ぜんこくがっこうきゅうしょくしゅうかん》

学校給食《がっこうきゅうしょく》は戦争《せんそう》により一時中断《いちじちゅうだん》しましたが、アメリカのLARA（アジア救済公《きゅうさいこう》認団体《にんだんたい》）からの物資援助《ぶっしえんじょ》を受《う》けて再開《さいかい》することができました。この物資《ぶっし》の贈呈式《ぞうていしき》が昭和《しょうわ》21年《ねん》12月《がつ》24日《か》に行《おこな》われたことを記念《きねん》して、「学校給食感謝《がっこうきゅうしょくかんしゃ》の日《ひ》」が定《さだ》められました。その後《ご》、1月《がつ》24日《か》から30日《にち》の1週間《しゅうかん》が「全国学校《ぜんこくがっこう》給食週間《きゅうしょくしゅうかん》」と定《さだ》められ、全国各地《ぜんこくかくち》でさまざまな行事《ぎょうじ》が行《おこな》われています。

きゅーたん

最初《さいしょ》の学校給食《がっこうきゅうしょく》は、子《こ》どもの空腹《くうふく》を満《み》たす食事《しょくじ》でした。

その後全国《ごぜんこく》に広《ひろ》がっていった給食《きゅうしょく》は、時代《じだい》ごとにさまざまな変化《へんか》をしていきました。

現在《げんざい》の給食《きゅうしょく》は食事《しょくじ》のマナーや栄養《えいよう》のバランスのとれた食事《しょくじ》、食品《しょくひん》の種類《しゅるい》や特徴《とくちょう》などを学《まな》べる「生《い》きた教材《きょうざい》」として、重要《じゅうよう》な役割《やくわり》を果《は》たしています。

指導・助言 文部科学省 初等中等教育局 健康教育・食育課 学校給食調査官 齊藤るみ先生

少年写真新聞
Juniors' Visual Journal
https://www.schoolpress.co.jp/
株式会社 少年写真新聞社 〒102-8232 東京都千代田区九段南4-7-16市ヶ谷KTビルI TEL 03（3264）2624 FAX 03（5276）7785

給食ニュース

★定期刊行物は終わる期間を予定しない刊行物です。年度が替わりましても、購読中止のお申し出がない場合、引き続きニュースをご送付申し上げます。

給食ニュース 昭和39年5月4日第三種郵便物承認 2023年2月8日発行
第1884号 旬刊 毎月3回（8・18・28日）発行 1か年定価19,140円

食育の6つの視点
食事の重要性 感謝の心
心身の健康 社会性
食品を選択する能力 食文化

8341

No.1884
2023年（令和5年）
2月8日号

菓子《かし》に含《ふく》まれる脂質《ししつ》の量《りょう》を知《し》ろう！

身近《みぢか》な菓子《かし》の中《なか》から栄養成分表示《えいようせいぶんひょうじ》を確認《かくにん》して、脂質《ししつ》の多《おお》いものを集《あつ》めてみました

チーズスナック

（1袋《ふくろ》62g）

29.0g

ミルクチョコレート

（1枚《まい》50g）

18.4g

シュークリーム

（1個《こ》約《やく》115g）

23.0g

脂質《ししつ》の量《りょう》は栄養成分表示《えいようせいぶんひょうじ》を見《み》よう

（例《れい》）チーズスナック

栄養成分表示 1袋（62g）当たり	
エネルギー	381kcal
たんぱく質	2.8g
脂　　質	29.0g
炭水化物	27.5g
―糖　質	26.7g
―食物繊維	0.8g
食塩相当量	0.9g

（この表示値は目安です）

栄養成分表示《えいようせいぶんひょうじ》は、その食品《しょくひん》に含《ふく》まれるエネルギーや栄養素《えいようそ》の量《りょう》が書《か》かれています。

ドーナッツ

（1個《こ》約《やく》70g）

30.7g

ポテトチップス

（1袋《ふくろ》60g）

21.6g

カップアイス

（1個《こ》200mL）

23.4g

※脂質の量は、食品によって違いがあるため、あくまでも一例であることをご了承ください。

菓子《かし》の袋《ふくろ》にある栄養成分表示《えいようせいぶんひょうじ》で、脂質《ししつ》の量《りょう》を調《しら》べてみました。

その結果《けっか》、油《あぶら》で揚《あ》げてあるものや、クリームなどを使《つか》った菓子《かし》に、多《おお》く含《ふく》まれていることがわかりました。

脂質《ししつ》をとり過《す》ぎると生活習慣病《せいかつしゅうかんびょう》になるおそれがあるので、表示《ひょうじ》をよく見《み》て菓子《かし》を選《えら》ぶことが大切《たいせつ》です。

監修 女子栄養大学 栄養学部 教授 川端輝江先生

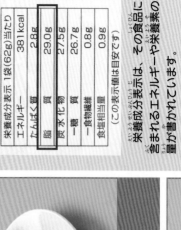

少年写真新聞
Juniors' Visual Journal
https://www.schoolpress.co.jp/

給　食　ニ　ュ　ー　ス

給食ニュース　昭和39年５月４日第三種郵便物承認　2023年２月18日発行
第1885号　旬刊　毎月３回（８・18・28日）発行　１か年定価19,140円
8341
食育の６つの視点
食事の重要性　感謝の心
心身の健康　社会性
食品を選択する能力　食文化
No.1885
2023年（令和５年）
２月18日号

スポーツと食《しょく》 「食《た》べる力《ちから》」を身《み》につけてほしい

埼《さい》玉《たま》西《せい》武《ぶ》ライオンズの管《かん》理《り》栄《えい》養《よう》士《し》 虎《とら》石《いし》真《ま》弥《み》さんに選《せん》手《しゅ》の食《しょく》事《じ》についてお聞《き》きしました

栄《えい》養《よう》バランスのよい食《しょく》事《じ》をしっかりとる

朝食《ちょうしょく》と夕食《ゆうしょく》は主食《しゅしょく》・主菜《しゅさい》・副菜《ふくさい》がそろった食事《しょくじ》をしっかりとり、プロ野球選手《やきゅうせんしゅ》に必要《ひつよう》な量《りょう》と内容《ないよう》を学《まな》びます。

昼食《ちゅうしょく》にはサラダバーがあり、選手自身《せんしゅじしん》の体調《たいちょう》に合《あ》わせて、自分《じぶん》で選《えら》びます。

体《からだ》づくりに役《やく》立《だ》つ栄《えい》養《よう》の知《ち》識《しき》を学《まな》ぶ

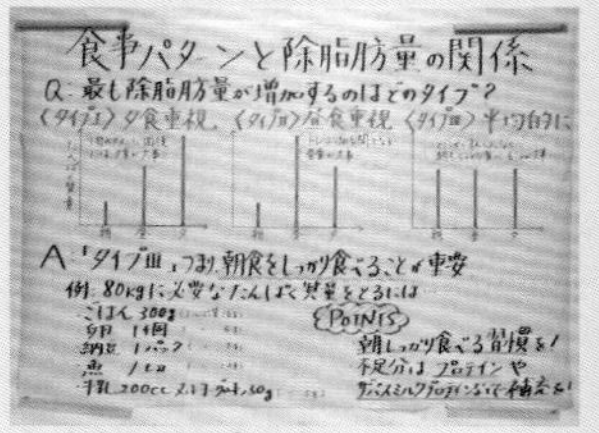

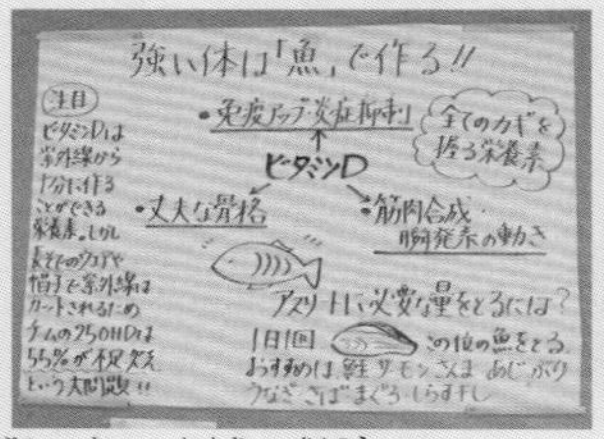

選手《せんしゅ》は栄養《えいよう》の話《はなし》が書《か》かれた掲示物《けいじぶつ》を読《よ》み、食事《しょくじ》の参考《さんこう》にします。

補《ほ》食《しょく》も大《だい》事《じ》

練習《れんしゅう》の合間《あいま》に必要《ひつよう》な補食《ほしょく》（三食以《さんしょくい》外《がい》の食事《しょくじ》）を選《えら》びます。

よいコンディションで試《し》合《あい》に臨《のぞ》むための食《しょく》環《かん》境《きょう》を考《かんが》える

新型《しんがた》コロナウイルス感染症予防《かんせんしょうよぼう》のために、席《せき》の配置《はいち》を工夫《くふう》しました。

きゅーたん

管理栄養士《かんりえいようし》
虎石真弥《とらいしまみ》さん

Q. 栄《えい》養《よう》サポートをする中《なか》で、選《せん》手《しゅ》はかわりましたか？

サポートをしていくうちに、食《しょく》に関《かん》心《しん》を持《も》ってくれることが増《ふ》えました。

ある選手《せんしゅ》は、「今《こん》シーズン、絶対残《ぜったいのこ》さないように食《た》べることにチャレンジします！」といっていました。食《た》べないと思《おも》うように動《うご》けない、勝《か》てないということを実感《じっかん》するのでしょうね。

Q. 子《こ》どもたちに伝《つた》えたいメッセージをお願《ねが》いします

１軍《ぐん》で長《なが》く活躍《かつやく》している選手《せんしゅ》は、どんな状況《じょうきょう》に置《お》かれても食欲《しょくよく》は落《お》ちないんです。それは、「しっかり食《た》べること（食《た》べる力《ちから》）」ができているからなんですね。

子《こ》どもたちには、今《いま》のうちから「食《た》べる力《ちから》」を身《み》につけてほしいですね。

埼玉西武《さいたませいぶ》ライオンズでは、四年前《よねんまえ》から管理栄養士《かんりえいようし》が、献立作成《こんだてさくせい》や選手《せんしゅ》の栄養面《えいようめん》のサポートをしています。

これにより選手《せんしゅ》はどんな食事《しょくじ》をどのくらい食《た》べればよいのかを、自分《じぶん》で考《かんが》えて実践《じっせん》する人《ひと》が増《ふ》えました。

プロの世界《せかい》でも、食事《しょくじ》を大切《たいせつ》にする選手《せんしゅ》ほど、長《なが》く活躍《かつやく》しているそうです。

取材協力　埼玉西武ライオンズ

子《こ》どもの頃《ころ》から食《た》べることが大好《だいす》きだった山川穂高選手《やまかわほたかせんしゅ》は、いつも食事《しょくじ》を残《のこ》さず食《た》べて、ばてない強《つよ》い体《からだ》をつくったそうです。

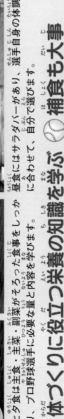

少年写真新聞
Juniors' Visual Journal
https://www.schoolpress.co.jp/
株式会社 少年写真新聞社 〒102-8232 東京都千代田区九段南4-7-16市ヶ谷KTビルI TEL 03(3264)2624 FAX 03(5276)7785

給食ニュース

★定期刊行物は終わる期間を予定しない刊行物です。年度が替わりましても、購読中止のお申し出がない場合、引き続きニュースをご送付申し上げます。

給食ニュース 昭和39年5月4日第三種郵便物承認 2023年2月28日発行
第1886号 旬刊 毎月3回（8・18・28日）発行 1か年定価19,140円

食育の6つの視点
食事の重要性 感謝の心
心身の健康 社会性
食品を選択する能力 食文化

No.1886
2023年（令和5年）
2月28日号

食育《しょくいく》まんが フェイクニュース その情報《じょうほう》は本当《ほんとう》？

監修 聖路加国際大学大学院 看護学研究科 教授 中山和弘先生

少年写真新聞
Juniors' Visual Journal
https://www.schoolpress.co.jp/
株式会社 少年写真新聞社 〒102-8232 東京都千代田区九段南4-7-16市ヶ谷KTビルⅠ TEL 03（3264）2624 FAX 03（5276）7785

給 食 ニ ュ ー ス

★定期刊行物は終わる期間を予定しない刊行物です。年度が替わりましても、購読中止のお申し出がない場合、引き続きニュースをご送付申し上げます。

給食ニュース 昭和39年5月4日第三種郵便物承認 2023年3月8日発行
第1887号-(1) 旬刊 毎月3回(8・18・28日)発行 1か年定価19,140円

食育の６つの視点
食事の重要性 感謝の心
心身の健康 社会性
食品を選択する能力 食文化

8341

No.1887-(1)
2023年（令和５年）
3月8日号

SDGsと食《しょく》

食《しょく》事《じ》づくりを分《ぶん》担《たん》しよう！

家《か》族《ぞく》でどのような仕《し》事《ごと》があるのかを話《はな》し合《あ》い、できることから協《きょう》力《りょく》していこう

食《しょく》事《じ》づくりの時《とき》には、どんな仕《し》事《ごと》があるのかな？

★献《こん》立《だて》を考《かんが》える
★冷《れい》蔵《ぞう》庫《こ》の中《なか》など、家《いえ》にある食《しょく》材《ざい》を確《かく》認《にん》する
★足《た》りないものを買《か》う
★料《りょう》理《り》をつくる
★テーブルを拭《ふ》いて配《はい》膳《ぜん》する
★食《た》べ終《お》わったら食《しょっ》器《き》を下《さ》げる
★残《のこ》った料《りょう》理《り》を冷《れい》蔵《ぞう》庫《こ》にしまう
★使《つか》った食《しょっ》器《き》を洗《あら》う
★食《しょっ》器《き》を拭《ふ》いて片《かた》づける

女《じょ》性《せい》の家《か》事《じ》の時《じ》間《かん》は男《だん》性《せい》の４倍《ばい》

図《ず》 男《だん》女《じょ》別《べつ》家《か》事《じ》関《かん》連《れん》時《じ》間《かん》の推《すい》移《い》（2001年《ねん》～2021年《ねん》）

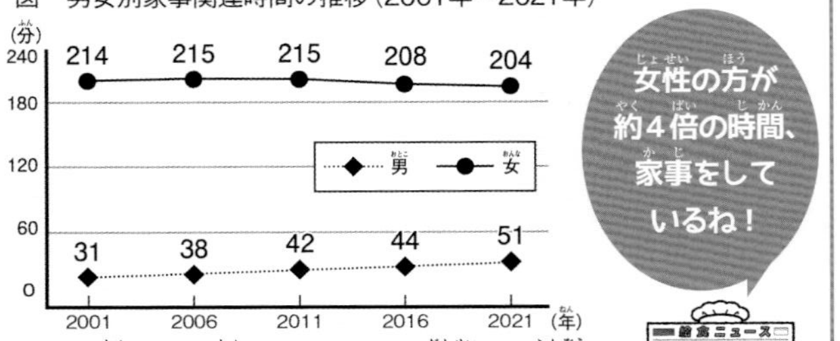

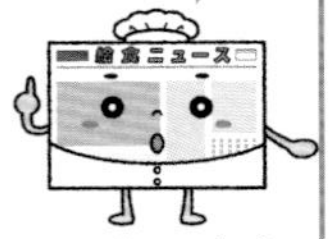

きゅーたん

2016年《ねん》と2021年《ねん》をくらべると、男《だん》性《せい》は７分《ふん》増《ぞう》加《か》し、女《じょ》性《せい》は４分《ふん》減《げん》少《しょう》しています。しかし、男《だん》女《じょ》の家《か》事《じ》時《じ》間《かん》の差《さ》はまだまだ大《おお》きく開《ひら》いています。

出典 総務省統計局「令和3年社会生活基本調査」を改変

SUSTAINABLE DEVELOPMENT GOALS

SDGsとは、Sustainable Development Goalsを略《りゃく》したもので、持《じ》続《ぞく》可《か》能《のう》な開《かい》発《はつ》目《もく》標《ひょう》のことです。世《せ》界《かい》をかえるために、2030年《ねん》までにすべての国《くに》の人《ひと》が、自《じ》主《しゅ》的《てき》に取《と》り組《く》んでいくための17の目《もく》標《ひょう》が設《せっ》定《てい》されています。

目《もく》標《ひょう》５
ジェンダー平《びょう》等《どう》を達《たっ》成《せい》し、すべての女《じょ》性《せい》と女《じょ》児《じ》のエンパワーメント※を図《はか》る

※力《ちから》をつけさせること。

できる仕《し》事《ごと》を家《か》族《ぞく》で分《ぶん》担《たん》しよう

日《に》本《ほん》では買《か》い物《もの》や調《ちょう》理《り》、後《あと》片《かた》づけなど、家《か》庭《てい》内《ない》の仕《し》事《ごと》（家《か》事《じ》）の多《おお》くを、女《じょ》性《せい》が行《おこな》っていることがグラフからわかります。

この問《もん》題《だい》を解《かい》決《けつ》するには、家《か》庭《てい》の中《なか》で話《はな》し合《あ》いを持《も》ち、特《とく》定《てい》の人《ひと》だけに負《ふ》担《たん》が偏《かたよ》らないように仕《し》事《ごと》の分《ぶん》担《たん》をするなど、できることから実《じっ》践《せん》することが大《たい》切《せつ》です。

ＳＤＧｓの目《もく》標《ひょう》５を達《たっ》成《せい》するために、できることを増《ふ》やしていきましょう。

監修 東京工業大学 リベラルアーツ研究教育院 准教授 治部れんげ先生

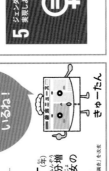

少年写真新聞
Juniors' Visual Journal
https://www.schoolpress.co.jp/
株式会社 少年写真新聞社 〒102-8232 東京都千代田区九段南4-7-16市ヶ谷KTビルI TEL 03(3264)2624 FAX 03(5276)7785

給 食 ニ ュ ー ス

★定期刊行物は終わる期間を予定しない刊行物です。年度が替わりましても、購読中止のお申し出がない場合、引き続きニュースをご送付申し上げます。

給食ニュース 昭和39年5月4日第三種郵便物承認 2023年3月18日発行
第1888号 旬刊 毎月3回(8・18・28日)発行 1か年定価19,140円
8341
No.1888
2023年(令和5年)
3月18日号

食育の6つの視点
食事の重要性 感謝の心
心身の健康 社会性
食品を選択する能力 食文化

人生《じんせい》の節目《ふしめ》を祝《いわ》って食《た》べる行事食《ぎょうじしょく》

成長《せいちょう》して人生《じんせい》の節目《ふしめ》を無事《ぶじ》に迎《むか》えられたことに感謝《かんしゃ》し特別《とくべつ》な食事《しょくじ》で祝《いわ》います

お食《く》い初《ぞ》め 生後《せいご》100日頃《にちごろ》

一生《いっしょう》食《た》べ物《もの》に困《こま》らないように願《ねが》い、赤《あか》ちゃんに食《た》べさせるまねをします。はし初《ぞ》め、百日《ももか》ともいいます。

初節句《はつぜっく》 女《おんな》の子《こ》は3月《がつ》3日《か》 上巳《じょうし》の節句《せっく》 男《おとこ》の子《こ》は5月《がつ》5日《か》 端午《たんご》の節句《せっく》

生《う》まれて初《はじ》めての節句《せっく》です。上巳《じょうし》の節句《せっく》はひしもちやうしお汁《じる》などで、端午《たんご》の節句《せっく》はちまきや柏《かしわ》もちなどで、成長《せいちょう》を祝《いわ》います。

初誕生《はつたんじょう》 1歳《さい》の誕生日《たんじょうび》

一生《いっしょう》食《た》べ物《もの》に困《こま》らないように、一升《いっしょう》(約《やく》2kg)のもちを子《こ》どもに背負《せお》わせたり踏《ふ》ませたりします。

七五三《しちごさん》 男《おとこ》の子《こ》は3歳《さい》・5歳《さい》 女《おんな》の子《こ》は3歳《さい》・7歳《さい》

子《こ》どもの成長《せいちょう》を願《ねが》って11月《がつ》15日《にち》に行《おこな》われます。千歳《ちとせ》あめは江戸時代《えどじだい》に始《はじ》まったといわれます。

教《おし》えて！きゅーたん

通過儀礼《つうかぎれい》の話《はなし》

「初誕生《はつたんじょう》」は誕生日《たんじょうび》と違《ちが》うの？

昔《むかし》、日本《にほん》では元旦《がんたん》に歳《とし》をとる数《かぞ》え年《どし》が一般的《いっぱんてき》で、生《う》まれた日《ひ》に祝《いわ》う習慣《しゅうかん》はなかったんだ。でも一年目《いちねんめ》の誕生日《たんじょうび》だけは「初誕生《はつたんじょう》」として無事《ぶじ》な成長《せいちょう》を祝《いわ》ったんだよ。

きゅーたん

なぜ七五三《しちごさん》は年齢《ねんれい》が決《き》まっているの？

七五三《しちごさん》は「髪置《かみおき》」、「袴着《はかまぎ》」、「帯解《おびとき》」という儀式《ぎしき》に由来《ゆらい》するといわれているよ。髪置《かみおき》は3歳《さい》になった子《こ》どもが髪《かみ》を伸《の》ばし始《はじ》める儀式《ぎしき》、袴着《はかまぎ》は5歳《さい》になった男《おとこ》の子《こ》が初《はじ》めて袴《はかま》をつける儀式《ぎしき》、帯解《おびとき》は7歳《さい》になった女《おんな》の子《こ》が着物《きもの》についているひもを取《と》って帯《おび》を締《し》める儀式《ぎしき》だったんだ。

人《ひと》の誕生《たんじょう》から成人《せいじん》するまでには、お食《く》い初《ぞ》め、初節句《はつぜっく》、七五三《しちごさん》などの節目《ふしめ》があります。

これを通過儀礼《つうかぎれい》といい、子《こ》どもの健《すこ》やかな成長《せいちょう》に感謝《かんしゃ》しこれからの幸《しあわ》せを願《ねが》って行《おこな》われます。

これらの行事《ぎょうじ》には家族《かぞく》や親族《しんぞく》が集《あつ》まり、行事食《ぎょうじしょく》を食《た》べて祝《いわ》います。

監修 女子栄養大学 食文化栄養学科 准教授 竹内由紀子先生

祝《いわ》いごとに欠《か》かせない赤飯《せきはん》

日本《にほん》では祝《いわ》いごとには赤飯《せきはん》を食《た》べます。これは、小豆《あずき》の赤《あか》い色《いろ》は魔《ま》よけになると考《かんが》えられていたり、おめでたい色《いろ》だとされていたりしたからです。このほかに、古代《こだい》に食《た》べていた赤米《あかまい》に似《に》せるためなどの説《せつ》があります。

少年写真新聞
Juniors' Visual Journal

学校全体で
使える！

給食ニュース

2022年（令和４年）４月８日発行 第1857号付録

株式会社 少年写真新聞社
〒102-8232 東京都千代田区九段南4-7-16市ヶ谷KTビルI
https://www.schoolpress.co.jp/
★定期刊行物は終わる期間を予定しない刊行物です。年度が替わりましても、購読中止のお申し出がない場合、引き続きニュースをご送付申し上げます。

手軽に朝ごはんをつくるためのポイント

女子栄養大学 調理学研究室 准教授　奥嶋佐知子

朝食の役割　朝食は脳のエネルギー源であるブドウ糖を補給し、頭をすっきりと目覚めさせ、体の働きを活発にする役割があります。しかし、2019年度の調査では、朝食を欠食する小学生の割合は4.6%、中学生は6.9%です※。朝食欠食の習慣化を防ぐためには、子ども自身がその大切さに気づき、「簡単な朝食なら自分でも準備できる」と思えるように導いていくことが大切です。

料理に挑戦　「自分でできる」と思うようにするには、料理することを難しく考えず、楽しいことであるというイメージですすめていき、まずは時間にゆとりのある休日に、少しでも挑戦するように声がけをしてはいかがでしょうか。自分でつくったものを他者に食べてもらい、「おいしい」と喜んでもらえるだけでやる気はアップします。そして、自信がついたところで平日につくってみるなど、段階を経て気長に取り組みましょう。目標は無理をせず継続していくことです。

栄養バランスを考えて　栄養のバランスを考えながら慌てずに朝食をつくるために、食品は３つの食品のグループ（赤・黄・緑）それぞれから偏りがないように選びます。食事づくりに慣れるまでは、ある程度パターンを決めておくとよいでしょう。『給食ニュース』４月８日号（No.1857）では、主食と主菜が一皿になった料理を紹介しています。このように、主食におかずを組み合わせた丼ものやオープンサンドのような形式の料理をいくつか考えておいてはいかがでしょうか。おもにエネルギーのもとになる食品のグループのパンやごはんに、おもに体をつくるもとになる食品のグループから１～２種と、おもに体の調子をととのえるもとになる食品のグループから２～３種を組み合わせたおかずを考えます。このように考えると、栄養バランスがととのうだけではなく料理の色がカラフルになり、見た目も美しくなります。

手軽に朝ごはんをつくるために　手軽につくるためには、下処理や加熱に時間がかからない食品を選び、複雑な味つけをしないこと。そのために、缶詰、ハム、ソーセージなどの加工食品を取り入れてもよいでしょう。調味済みの缶詰や肉の加工品を利用すれば、難しい味つけをしなくてもつくれます。ただし、多く使い過ぎると塩分のとり過ぎになってしまうため、注意が必要です。パッケージの食塩相当量欄を見る習慣をつけ、１食当たり2.5ｇを超えないように気をつけてください。

『給食ニュース』4月８日号（No.1857）で紹介した料理に使用している野菜は、手でちぎれるレタスや、簡単に切ることができるピーマンとミニトマトを利用しています。包丁に慣れないうちは、調理用はさみや皮むき器を使う方法もおすすめです。これらのポイントを参考に取り組みやすい方法を各自が見つけ出し、継続していくことを目指してください。

引用データ　※令和２年度食育推進施策（食育白書）
https://www.maff.go.jp/j/syokuiku/wpaper/attach/pdf/r2_wpaper-13.pdf
参考データ　児童又は生徒1人1回当たりの学校給食摂取基準
https://www.mext.go.jp/content/20210212-mxt_kenshoku-100003357_2.pdf

著者プロフィール
奥嶋佐知子（おくしま・さちこ）女子栄養大学調理学研究室准教授。専門は調理学。食の専門家を目指す学生の調理学実習を担当。日常的に調理をしない小学生や中高年男性対象の料理教室を学生と共に開催している。

2022年（令和４年） **4月8日号**

給食ニュース 一口メモ

少年写真新聞 Juniors' Visual Journal https://www.schoolpress.co.jp/

給食ニュース

No.1857 2022年（令和4年） 4月8日号

自分でできる！シリーズ 手軽《てがる》で栄養《えいよう》バランスのよい朝《あさ》ごはん

ごはんやパンに工夫を加えることで、栄養バランスをととのえることができます

ごはんの場合

〈栄養バランス〉赤 黄 緑

ピーマン入り さばのみそ煮丼

黄 ごはん + 緑 ピーマン 緑 パプリカ（黄） 黄 ごま油 赤 さばのみそ煮

さばの缶詰と炒めたピーマンを加えることで、一皿で赤・黄・緑がそろいます。

朝食の役割を考えよう

脳や体のエネルギー源になる

体温を上昇させる

胃や腸が働き、排便をうながす

生活リズムがととのい、元気に1日を始められる

きゅーたん

わたしたちは、朝ごはんを食べることによって午前中の活動に必要なエネルギーを得ています。

一日を元気にスタートするために簡単な朝食でよいので、自分で準備するようにしてみませんか。

ごはんやパンなどの主食に少しの工夫を加えることで、一皿で赤・黄・緑の食品をとることができます。

赤は体をつくるもとになる 黄はエネルギーのもとになる 緑は体の調子をととのえるもとになる食品だよ！

パンの場合

〈栄養バランス〉赤 黄 緑

ミニトマトと卵のオープンサンド

黄 食パン + 赤 卵 緑 レタス 黄 バター 赤 牛乳 緑 ミニトマト

炒めた卵や野菜をのせることで赤・黄・緑がそろい、栄養バランスがよくなります。

自分《じぶん》でできる！ シリーズ
手軽《てがる》で栄養《えいよう》バランスのよい朝《あさ》ごはん

朝《あさ》ごはんは、わたしたちの体《からだ》に欠《か》かすことができない大切《たいせつ》な食事《しょくじ》です。朝《あさ》ごはんをとることで、午前中《ごぜんちゅう》の活動《かつどう》に必要《ひつよう》なエネルギーや栄養素《えいようそ》を得《え》ることができます。また、眠《ねむ》っている間《あいだ》に休《やす》んでいた脳《のう》や体《からだ》を目《め》覚《ざ》めさせ、胃《い》や腸《ちょう》が働《はたら》き、排《はい》せつを促《うなが》して、１日《にち》の生活《せいかつ》リズムをつくります。

朝《あさ》ごはんは、簡単《かんたん》なものからでよいので、自分《じぶん》で準備《じゅんび》する習慣《しゅうかん》をつけるようにしてみませんか。まずは、調理《ちょうり》する手間《てま》が少《すく》なくて、主食《しゅしょく》と一緒《いっしょ》にとれる献立《こんだて》からつくってみましょう。

例《たと》えば、パンの上《うえ》に炒《いた》めた卵《たまご》や野菜《やさい》をのせることで、一皿《ひとさら》で主食《しゅしょく》と主菜《しゅさい》、副菜《ふくさい》をとることができます。さらに、牛乳《ぎゅうにゅう》や果物《くだもの》を追加《ついか》すると、より一層《いっそう》栄養《えいよう》バランスがととのいます。

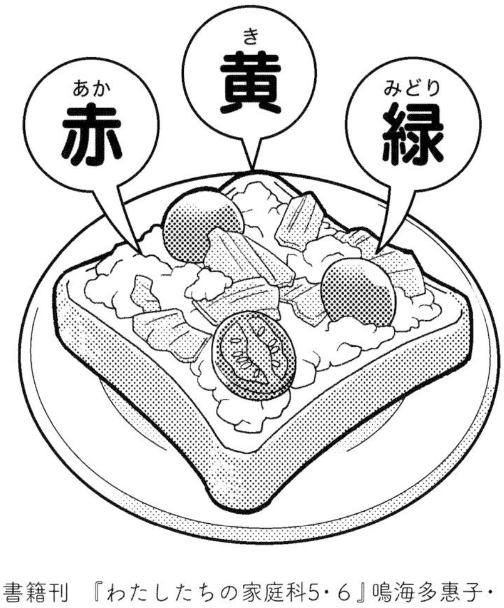

参考文献 『新しい家庭５・６』浜島京子・岡陽子ほか44名著 東京書籍刊 『わたしたちの家庭科5・6』鳴海多恵子・石井克枝・堀内かおるほか著 開隆堂刊

2022年（令和４年） 4月18日号

給食ニュース 一口メモ

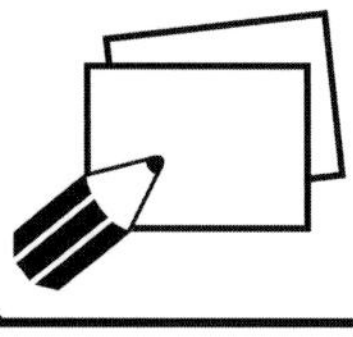

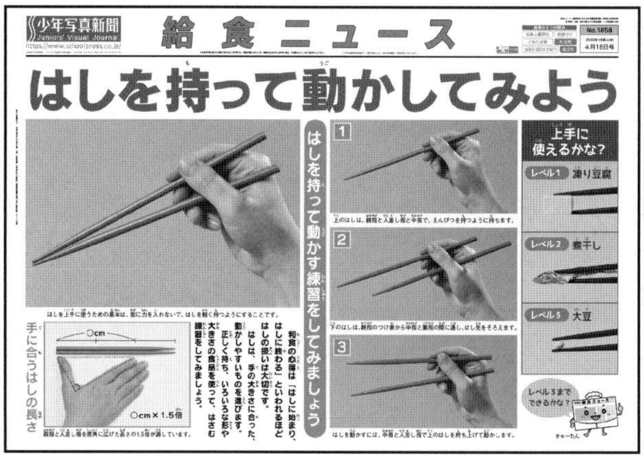
少年写真新聞
Juniors' Visual Journal
https://www.schoolpress.co.jp/
給食ニュース
No.1858
4月18日号

はしを持って動かしてみよう

はしを上手に使うための基本は、指に力を入れないで、はしを軽く持つようにすることです。

はしを持って動かす練習をしてみましょう

和食の心得は「はしに始まり、はしに終わる」といわれるほどはしの扱いは大切です。
はしは、手の大きさに合った、動かしやすいものを選びます。
正しく持ち、いろいろな形や大きさの食品を使って、はさむ練習をしてみましょう。

手に合うはしの長さ
○cm
○cm×1.5倍
親指と人差し指を直角に広げた長さの1.5倍が適しています。

1 上のはしは、親指と人差し指と中指で、えんぴつを持つように持ちます。
2 下のはしは、親指のつけ根から中指と薬指の間に通し、はし先をそろえます。
3 はしを動かすには、中指と人差し指で上のはしを持ち上げて動かします。

上手に使えるかな？
レベル1 凍り豆腐
レベル2 煮干し
レベル3 大豆
レベル3までできるかな？
きゅーたん

はしを持《も》って動《うご》かしてみよう

和食《わしょく》は「はしに始《はじ》まり、はしに終《お》わる」といわれるほど、はしの扱《あつか》いは大切《たいせつ》です。

正《ただ》しくはしを持《も》って動《うご》かすと、さまざまな食《た》べ物《もの》を口《くち》に運《はこ》ぶことができ、食《た》べる姿《すがた》が美《うつく》しくなります。

上《うえ》のはしは、親指《おやゆび》と人差《ひとさ》し指《ゆび》と中指《なかゆび》で、えんぴつを持《も》つように持《も》ちます。下《した》のはしは、親指《おやゆび》のつけ根《ね》から中指《なかゆび》と薬指《くすりゆび》の間《あいだ》に通《とお》し、はし先《さき》をそろえます。はしを動《うご》かすには、中指《なかゆび》と人差《ひとさ》し指《ゆび》で上《うえ》のはしを持《も》ち上《あ》げて動《うご》かします。

自分《じぶん》の手《て》に合《あ》ったはしは、親指《おやゆび》と人差《ひとさ》し指《ゆび》を直角《ちょっかく》に広《ひろ》げた長《なが》さの1.5倍《ばい》くらいが適《てき》しています。手《て》に合《あ》うものを使《つか》うと動《うご》かしやすくなります。さまざまな食品《しょくひん》をはさむ練習《れんしゅう》をしましょう。

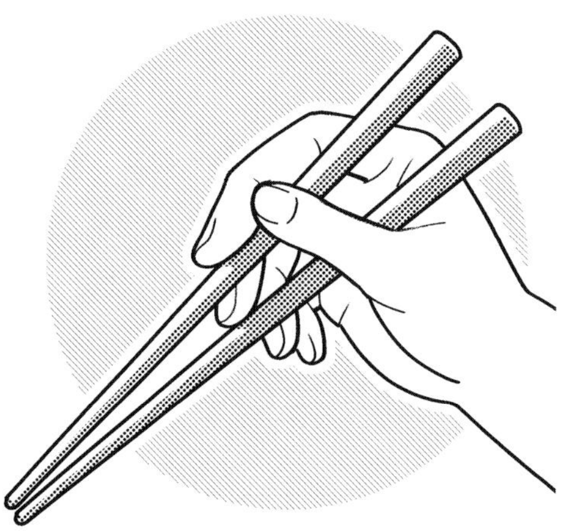

参考文献　文部科学省「小学生用食育教材　たのしい食事つながる食育」ほか

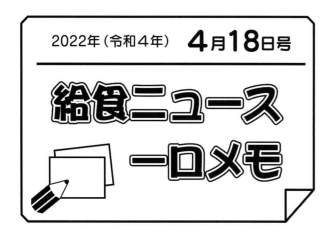

2022年（令和４年）　**4月28日号**

給食ニュース一口メモ

少年写真新聞
Juniors' Visual Journal
給食ニュース
No.1859
4月28日号
食育まんが　世界をかえる17の目標 SDGs
持続可能な開発目標（SDGs：Sustainable Development Goals）
ある日…

SDGs《エスディージーズ》を知《し》ることから始《はじ》めよう

世界《せかい》では現在《げんざい》、貧困《ひんこん》、飢餓《きが》、気候変動《きこうへんどう》など、多《おお》くの問題《もんだい》が起《お》きています。これらの問題《もんだい》を解消《かいしょう》して、よりよい世界《せかい》をつくるために国際連合《こくさいれんごう》が定《さだ》めた、2030年《ねん》までに達成《たっせい》すべき17の目標《もくひょう》を、SDGs《エスディージーズ》（Sustainable Development Goals／持続可《じぞくか》能《のう》な開発目標《かいはつもくひょう》）といい、「誰一人《だれひとり》取《と》り残《のこ》さない」ことが理念《りねん》です。

SDGs《エスディージーズ》を達成《たっせい》する方法《ほうほう》は、各自《かくじ》に委《ゆだ》ねられています。難《むずか》しく感《かん》じるかもしれませんが、例《たと》えば、給食《きゅうしょく》を残《のこ》さずに食《た》べる、水《みず》を出《だ》しっぱなしにしない、エコバッグを使《つか》うなど、わたしたちができることはたくさんあります。

まずは自分《じぶん》に何《なに》ができるのかを考《かんが》えて行動《こうどう》することが、世界《せかい》をかえる第一歩《だいいっぽ》になるのです。

参考文献　『12歳までに身につけたい SDGsの超きほん』蟹江憲史著　朝日新聞出版刊ほか

少年写真新聞
Juniors' Visual Journal

給食ニュース

2022年（令和４年）５月８日発行 第1860号付録

株式会社 少年写真新聞社
〒102-8232 東京都千代田区九段南4-7-16市ケ谷KTビルI
https://www.schoolpress.co.jp/
★定期刊行物は終わる期間を予定しない刊行物です。年度が替わりましても、購読中止のお申し出がない場合、引き続きニュースをご送付申し上げます。

楽しいことをたくさん吸収して、将来の自分の栄養に！

音楽と料理の新たな楽しみ方を提案するＤＪみそしるとＭＣごはんさんにお話を伺いました。

Q.給食の思い出を教えてください。

給食が大好きな子どもでした。特にカレーやポークビーンズ、シチューが好きだったのですが、毎月献立表が配られると、自分の好物が何日に出るのかを全部チェックして、好きな料理が出る日をわくわく待ちながら過ごしていました。

Q.この仕事を始めたきっかけを教えてください。

女子栄養大学に通っていた時に、卒業研究で料理のラップをつくって歌ったのが今の仕事につながっています。

どうして、料理のラップが生まれたかというと、料理本やスマホを見ながら調理をすると、その手順を追うことに一生懸命になって調理の作業がおろそかになってしまったり、料理本やスマホを汚してしまったりして不便なことが多いなと思っていて、かといってレシピを見ずに自己流でつくるとおいしくないものができてしまいました。なので、レシピを覚えた状態でつくったら、もっと楽しんでできるはずだと考えました。それで、レシピが曲になっていたら、歌いながら調理ができるんじゃないかと思って料理のラップをつくり始めました。そして、その動画をYouTubeにアップしたら、見つけてくださった方がいて、デビューすることになりました。

Q.仕事の内容を教えてください。

仕事の内容は、料理の曲をつくることです。料理の曲をつくるためには、料理の試作と作詞、作曲をします。そして、それらをもとに映像をつくる仕事もあります。それから、NHK Eテレで「ごちそんぐＤＪ」という番組に出ていたり、YouTubeで動画をアップしたりしています。そのほかには、音楽フェスや食べ物のイベントでライブをすることがあったり、料理教室とライブが合体したようなイベントをしたり、料理にまつわることの執筆活動や絵本をつくったりもしています。

Q.子どもたちへのメッセージをお願いします。

わたしは、絵を描くことや、楽器を演奏すること、食べることなど、子どもの頃に大好きだったことが、全部今の仕事に生かされています。今、好きなことがある人はそのことを、まだない人は好きなことを見つけた時に、その好きなことをとことん楽しんでみてほしいです。それが、仕事につながったり、そこから別の夢ができたり、仕事にならなくても将来の自分をつくる栄養になったりすると思います。おいしいものをいっぱい食べると、肌つやがよくなったり、身長が伸びたりして未来の自分をつくっていくことと同じで、何か楽しいことをたくさん吸収して、将来の自分の栄養にしてください。

プロフィール

ＤＪみそしるとＭＣごはん／「おいしいものは人類の奇跡だ！」をモットーに、トラック、リリック、アートワーク、Music Videoなどを自ら制作し、音楽と料理の新たな楽しみ方を提案するくいしんぼうヒップホッパー。NHK Eテレ「ごちそんぐDJ」に出演中。

2022年（令和４年） **5月8日号**

給食ニュース 一口メモ

少年写真新聞 Juniors' Visual Journal https://www.schoolpress.co.jp/

給食ニュース

No.1860 2022年（令和4年）5月8日号

沖縄復帰50年 食べ物は「ヌチグスイ（命の薬）」

沖縄の人は、食事は命を養い、健康を守るものと考え、大切にしています

ゴーヤーチャンプルー

沖縄の料理は亜熱帯気候で育った作物を使い、昔の人が知恵をしぼってつくり出したもので、「チャンプルー（「混ぜ合わせた」という意味）」などがあります。

沖縄に根づく「医食同源」の考え方

「医食同源」とは、「医学的な治療も日常的な食事も、どちらも人間の命を養い、健康を守るものである」という考え方です。沖縄の料理は、この考え方の影響を受けて、「ヌチグスイ」として、生活に根づいているといわれています。

沖縄の料理いろいろ

沖縄そば 名前は「そば」ですが、めんは小麦粉でつくっています。

ナーベーラーンブシー 沖縄の言葉で、へちまのみそ煮のことです。

ポーク卵おにぎり アメリカから持ち込まれた「ポークランチョンミート」と卵焼きを中に入れたおにぎりのことです。

～豚は捨てるところがない～

ラフテー（豚三枚肉）

ミミガー（豚の耳皮）

足ティビチ（豚の足）

「豚は鳴き声以外はすべて食べる」といわれるほど、耳や足、内臓、血まですべてを料理にします。

沖縄の伝統的な食 宮廷料理

琉球王国時代に、中国や薩摩（現在の鹿児島県）の人をもてなす料理として生まれました。

2022年5月15日は沖縄復帰50年

沖縄は、戦争でアメリカ軍が上陸して激しい戦場となり、1945（昭和20）年の終戦後もアメリカの占領が続きましたが、1972（昭和47）年5月15日にアメリカから日本へ復帰しました。今年は、沖縄復帰50年の節目です。

二〇二二年五月一五日は、沖縄の復帰五〇年の日です。沖縄では、「医食同源」の理念にかなった料理がつくり出され、今も食べ物を「ヌチグスイ（命の薬）」と呼んで、食事を大切にしています。沖縄には、数多くのチャンプルー料理や、豚を使った料理、宮廷料理など、さまざまなものがあります。

沖縄《おきなわ》復帰《ふっき》50年《ねん》

食《た》べ物《もの》は「ヌチグスイ（命《いのち》の薬《くすり》）」

　沖縄《おきなわ》では、「医食同源《いしょくどうげん》」の考《かんが》えに影響《えいきょう》を受《う》けた料理《りょうり》がつくり出《だ》され、食《た》べ物《もの》を「ヌチグスイ（命《いのち》の薬《くすり》）」と呼《よ》んで、大切《たいせつ》にしています。「医食同源《いしょくどうげん》」とは「医学的《いがくてき》な治療《ちりょう》も日常的《にちじょうてき》な食事《しょくじ》も、どちらも人間《にんげん》の命《いのち》を養《やしな》い、健康《けんこう》を守《まも》るものである」という考《かんが》え方《かた》です。

　沖縄《おきなわ》には、ゴーヤーチャンプルーや沖縄《おきなわ》そばなど、さまざまな料理《りょうり》があります。特《とく》に豚《ぶた》は、「鳴《な》き声《ごえ》以外《いがい》はすべて食《た》べる」といわれるほどで、ラフテー（三枚肉《さんまいにく》）、ミミガー（豚《ぶた》の耳皮《みみがわ》）、足《あし》ティビチ（豚《ぶた》の足《あし》）のほかにも、内臓《ないぞう》、血《ち》まですべてを料理《りょうり》にします。

　今年《ことし》は、沖縄《おきなわ》がアメリカから日本《にほん》に復帰《ふっき》して、50年《ねん》です。沖縄《おきなわ》の料理《りょうり》や文化《ぶんか》について調《しら》べてみましょう。

参考文献　沖縄県「伝えよう 広めよう ウチナーの食文化」HP　沖縄県「琉球料理ガイドブック」『事前学習に役立つ みんなの修学旅行 沖縄』上原静監修 小峰書店刊ほか

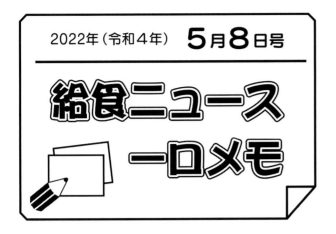

2022年（令和４年） **5月18日号**

給食ニュース 一口メモ

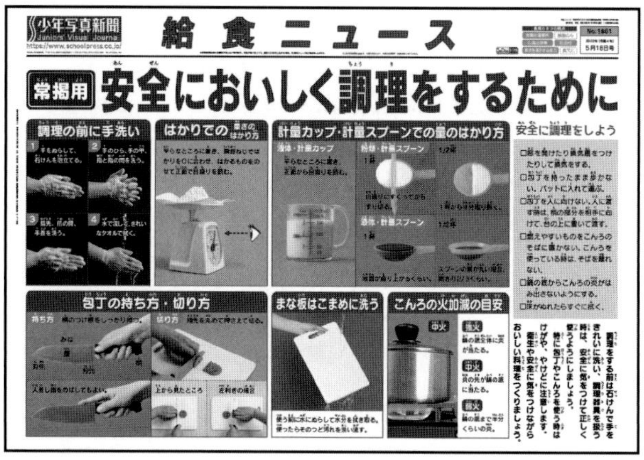

少年写真新聞
Juniors' Visual Journal
https://www.schoolpress.co.jp/

給食ニュース

No.1861
5月18日号

常掲用 安全《あんぜん》においしく調理《ちょうり》をするために

調理の前に手洗い

1 手をぬらして、石けんを泡立てる。
2 手のひら、手の甲、指と指の間を洗う。
3 指先、爪の間、手首を洗う。
4 水で流して、きれいなタオルで拭く。

はかりでの重さのはかり方

計量カップ・計量スプーンでの量のはかり方

液体・計量カップ
平らなところに置き、正面から目盛りを読む。

粉類・計量スプーン
1杯 山盛りにすくってからすり切る。
1/2杯 1杯から半分取り除く。

液体・計量スプーン
1杯
1/2杯

安全に調理をしよう

□包丁を持ったまま歩かない。バットに入れて運ぶ。
□包丁を人に向けない。人に渡す時は、柄の部分を相手に向けて、台の上に置いて渡す。
□燃えやすいものをこんろのそばに置かない。こんろを使っている時は、そばを離れない。
□鍋の底からこんろの炎がはみ出さないようにする。
□床がぬれたらすぐに拭く。

包丁の持ち方・切り方

持ち方 柄のつけ根をしっかり持つ。
みね 腹 刃先 刃元 柄
切り方 指先を丸めて押さえて切る。
人差し指をのばしてもよい。
上から見たところ 左利きの場合

まな板はこまめに洗う

使う前に水にぬらして水分を拭き取る。使ったらそのつど汚れを洗い流す。

こんろの火加減の目安

中火
強火 鍋の底全体に炎が当たる。
中火 炎の先が鍋の底に当たる。
弱火 鍋の底まで半分くらいの炎。

調理をする前は石けんで手をきれいに洗い、調理器具を扱う時は、安全に気をつけて正しく使うようにしましょう。特に包丁やこんろを使う時は、けがや、やけどに注意します。衛生や安全に気をつけながらおいしい料理をつくりましょう。

安全《あんぜん》においしく調理《ちょうり》をするために

　家庭科《かていか》の調理実習《ちょうりじっしゅう》や家《いえ》で調理《ちょうり》をする前《まえ》には、食《しょく》中毒《ちゅうどく》などを防《ふせ》ぐために、石《せっ》けんでていねいに手《て》を洗《あら》ってから始《はじ》めるようにします。

　調理《ちょうり》をする時《とき》には、計量《けいりょう》カップや計量《けいりょう》スプーン、はかりなどを正《ただ》しく使《つか》いましょう。包丁《ほうちょう》は、柄《え》のつけ根《ね》をしっかり持《も》ち、けがをしないように、使《つか》い方《かた》や運《はこ》び方《かた》にも気《き》をつけて扱《あつか》います。まな板《いた》は、使《つか》う前《まえ》に水《みず》でぬらして水分《すいぶん》を拭《ふ》き取《と》ると、食材《しょくざい》のにおいが移《うつ》りません。また、使《つか》ったらそのつど汚《よご》れを洗《あら》い流《なが》すようにします。こんろなどを使《つか》う時《とき》には、火加減《ひかげん》を守《まも》り、火《ひ》のそばから離《はな》れないように気《き》をつけます。

　安全《あんぜん》に気《き》をつけて、おいしい料理《りょうり》をつくるために、これらを確認《かくにん》しながら取《と》り組《く》むようにしましょう。

参考文献　『新しい家庭 5・6』浜島京子・岡陽子ほか44名著 東京書籍刊 『わたしたちの家庭科5・6』鳴海多恵子 石井克枝 堀内かおるほか著 開隆堂刊ほか

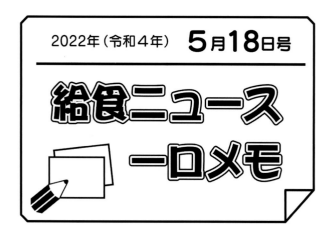

2022年（令和４年）　**5月28日号**

給食ニュース 一口メモ

少年写真新聞 Juniors' Visual Journal https://www.schoolpress.co.jp/

給食ニュース

No.1862 5月28日号

食の仕事人 くいしんぼうヒップホッパー

音楽と料理の新たな楽しみ方を提案するDJみそしるとMCごはんさん

とんな仕事をしているの？

絵本の読み聞かせをした後に、絵本に出てくる料理を一緒につくるイベントをしました。

曲づくりのためにまずは料理の試作をします。

伝えたい思いを込めて、作詞、作曲をします。

NHK Eテレ「ごちそんぐDJ」の撮影のようす。

YouTubeの撮影や編集作業もします。

DJみそしるとMCごはんさんインタビュー

Q.給食の思い出を教えてください

Q.仕事でうれしかったことを教えてください

子どもたちへのメッセージをお願いします

DJみそしるとMCごはんさんは、料理の曲をつくって歌うヒップホッパーです。子どもの頃から、絵を描くことや、楽器を演奏すること、食べることが大好きで、今の仕事に生きているそうです。みなさんも好きなことをとことん楽しんでほしいと、話してくれました。

音楽《おんがく》と料理《りょうり》の楽《たの》しみ方《かた》を提案《ていあん》する

くいしんぼうヒップホッパー

ＤＪみそしるとＭＣごはんさんは、料理《りょうり》の曲《きょく》をつくって歌《うた》っているヒップホッパーです。曲《きょく》をつくるために、料理《りょうり》の試作《しさく》と作詞《さくし》、作曲《さっきょく》をしています。そのほかにも、料理《りょうり》にまつわるテレビ番組《ばんぐみ》の出演《しゅつえん》や映像《えいぞう》の制作《せいさく》、ライブ活動《かつどう》、執筆《しっぴつ》活動《かつどう》、絵本《えほん》の制作《せいさく》もしています。料理《りょうり》がそんなに好《す》きじゃないと思《おも》っている人《ひと》にも楽《たの》しんでもらえるような活《かつ》動《どう》がしたいそうです。

ＤＪみそしるとＭＣごはんさんは、子《こ》どもの頃《ころ》に大好《だいす》きだったことが、すべて仕事《しごと》に生《い》かされているといいます。みなさんには、自分《じぶん》の好《す》きなことをとことん楽《たの》しんでみてほしいそうです。食《た》べ物《もの》と同《おな》じで好《す》きなことや楽《たの》しいことをたくさん吸収《きゅうしゅう》して、将来《しょうらい》の自分《じぶん》の栄養《えいよう》にしましょう。

少年写真新聞
Juniors' Visual Journal

給食ニュース

2022年（令和４年）６月８日発行 第1863号付録

株式会社 少年写真新聞社
〒102-8232 東京都千代田区九段南4-7-16市ヶ谷KTビルⅠ
https://www.schoolpress.co.jp/

★定期刊行物は終わる期間を予定しない刊行物です。年度が替わりましても、購読中止のお申し出がない場合、引き続きニュースをご送付申し上げます。

夏に多い食中毒とその予防

東京都健康安全研究センター 微生物部 食品微生物研究科 主任研究員 門間千枝

夏の食中毒予防は「菌を増やさない」

「夏、食中毒に注意しましょう！」

夏に近づくと、このようなポスターを目にしませんか？　夏の気温は、食中毒原因菌が増えるのに最適です。サルモネラ、黄色ブドウ球菌、ウエルシュ菌等、食中毒を起こす細菌の多くは、発症に至る菌量（多くの菌では10万～100万個以上）がなければ、食中毒の原因となりません。食品に菌がいても増えなければ食中毒にならないのですが、夏、クーラーの効いた室温でも、菌は活発に増殖します。夏は、食中毒予防の３原則「つけない」「増やさない」「やっつける」のうち、特に「菌を増やさない」注意が必要です。

菌を増やさないためには

食品は購入後すぐに冷蔵すること、冷蔵庫は冷気が循環しやすいように詰め込まないこと等は、菌を増やさないための基本です。

多くの菌が75℃で１分以上加熱することで死滅するのに対し、ウエルシュ菌は、カレーなどの食品の加熱中に“芽胞”という「植物の種」のような状態に変化して生き残り、芽胞は、食品を常温で保存している間に通常の菌に戻って、増殖して食中毒を起こします。

ウエルシュ菌食中毒は、カレーのほか、食肉を使った煮込み料理でよく発生します。前日調理の煮物などはしっかり再加熱してから食べましょう。また、つくり置きの煮豚やチャーシューなどは食べる前に加熱しないこともあるので、菌が増えていた場合、食中毒が発生する可能性があります。冷やし中華やラーメンなどの具に使う場合も注意が必要です。煮豚やチャーシューは大きな肉の塊のまま調理するので、急速に冷却するのが難しい食品です。調理後、切りわけて冷まし、粗熱が取れ次第、すぐに冷蔵庫に入れましょう。

生や加熱不十分な食肉を食べない

菌をつけなければ増えないので、手指・食材・調理器具をよく洗うこと、加熱や消毒薬で菌をやっつけることも大切です。特に、加熱しない生野菜等はしっかり洗いましょう。

また、菌が増えなくても少量の菌で発症する食中毒もあります。今、細菌性食中毒でもっとも発生件数が多いカンピロバクターによる食中毒がこれに当たります。生や加熱不十分な鶏肉や鶏内臓肉を食べないこと、ホイル焼きや焼き鳥、バーベキューの鶏肉の串焼き等は串の刺さっている中心部まで火が通っているのを確認して食べることが大切です。

腸管出血性大腸菌（O157等）も、加熱不十分な牛肉等を食べて発症する食中毒の原因菌の一つです。焼き肉では、焼く前の野菜と肉は別々の皿に盛り、焼く時は取り箸《ばし》やトングを使い、自分の箸と別にすることが大切です。ハンバーグ等も含め、肉は中心部が赤くないこと、肉汁が透明なこと、しっかり熱が通っていることを確認しましょう。

著者プロフィール

門間千枝（もんま・ちえ）東京都健康安全研究センター微生物部食品微生物研究科主任研究員。博士（学術）。日本食品微生物学会理事。令和３年度まで東京家政大学栄養学科非常勤講師。食中毒細菌に関する著書（共著）、受賞、講演多数。

2022年（令和４年）　**6月8日号**

給食ニュース　一口メモ

少年写真新聞
Juniors' Visual Journal
https://www.schoolpress.co.jp/

給食ニュース

No.1863

6月8日号

自分でできる！シリーズ

かみかみ料理をつくったよ

かみごたえのある食べ物を選び自分で調理をすると、よくかむことの意識も高まります

かみごたえのある食べ物例

キャベツ　にんじん　きのこ類　きゅうり　こんぶ　するめ　いり大豆　ごぼう　牛肉　豚肉　フランスパン　ナッツ類　ドライフルーツ類

かみごたえのある食べ物とは、食物繊維の多い野菜や海藻、きのこ、筋繊維のしっかりした牛肉や豚肉、干した魚介類、乾物など、口の中で何回もかむ必要があるものです。

きのこと野菜たっぷり焼きそば

きのこ類　にんじん　豚肉　キャベツ

この焼きそばは、包丁を使わずに手とピーラー、フライパンだけで手軽につくることができます。

フランスパンのナッツのせ

フランスパン　ナッツ類　干しぶどう

トースターで軽く焼いたフランスパンにナッツと干しぶどうをのせるだけなので、簡単につくれます。

かむ力をつけるためには？

■かみごたえのある食べ物を食べる
■口にいっぱい入れ過ぎない
■食事の時に水を飲んで、流し込みながら食べない
■毎食よくかんで食べることを心がける

よくかむと唾液がたくさん出て、味がよくわかるようになり、消化を助け、むし歯の予防にも役立つと、いわれています。
かむ力をつけるにはかみごたえのある食べ物を食べるようにし、よくかむ意識を高めることが大切です。
自分でもかみかみ料理をつくって、よくかむ習慣をつけましょう。

自分《じぶん》でできる！　シリーズ

かみかみ料理《りょうり》でかむ力《ちから》をつけよう

かむ力《ちから》をつけるためには、かみごたえのある食《しょく》品《ひん》を使《つか》った料理《りょうり》をよくかんで食《た》べ、かむ意識《いしき》を高《たか》めることが大切《たいせつ》です。

自分《じぶん》で簡単《かんたん》につくることができるかみかみ料理《りょうり》「きのこと野菜《やさい》たっぷり焼《や》きそば」と「フランスパンのナッツのせ」を『給食《きゅうしょく》ニュース』で紹介《しょうかい》しました。きのこや食物繊維《しょくもつせんい》の多《おお》い野菜《やさい》、フランスパン、干《ほ》しぶどう、種実類《しゅじつるい》などは、しっかりかんで小《ちい》さくしながら唾液《だえき》とよく混《ま》ぜ合《あ》わせないと、のみ込《こ》むことができません。

かみごたえのある食品《しょくひん》には、どんなものがあるのかを調《しら》べて、それを使《つか》ってかみかみ料理《りょうり》をつくってみましょう。また、毎日《まいにち》の食事《しょくじ》をよくかんで食《た》べるように心《こころ》がけます。

参考文献　『ビジュアル版 見てわかる すぐ使える　楽しい食教材　そしゃくで健康づくり育てようかむ力』柳沢幸江著 少年写真新聞社刊ほか

2022年（令和４年）　**6月18日号**

給食ニュース 一口メモ

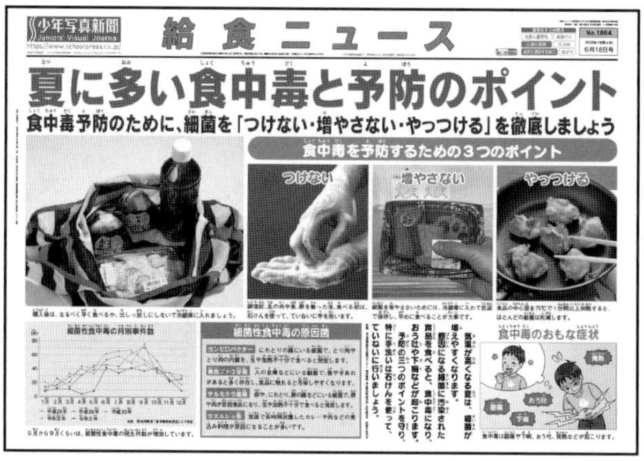

少年写真新聞 Juniors' Visual Journal https://www.schoolpress.co.jp/

給食ニュース

No.1864 6月18日号

夏《なつ》に多《おお》い食中毒《しょくちゅうどく》と予防《よぼう》のポイント

食中毒予防のために、細菌を「つけない・増やさない・やっつける」を徹底しましょう

食中毒を予防するための３つのポイント

つけない

増やさない

やっつける

購入後は、なるべく早く食べるか、出しっ放しにしないで冷蔵庫に入れましょう。

調理前、生の肉や魚、卵を触った後、食べる前は、石けんを使って、ていねいに手を洗います。

細菌を増やさないためには、冷蔵庫に入れて低温で保存し、早めに食べることが大事です。

食品の中心部を75℃で１分間以上加熱すると、ほとんどの細菌は死滅します。

細菌性食中毒の月別事件数

5月から9月くらいは、細菌性食中毒の発生件数が増加しています。

細菌性食中毒の原因菌

カンピロバクター　にわとりの腸にいる細菌で、とり肉やとり肉の内臓を、生や加熱不十分で食べると発症します。

気温が高くなる夏は、細菌が増えやすくなります。原因になる細菌に汚染された食品を食べると、食中毒になり、おう吐や下痢などが起こります。予防の三つのポイントを守り、特に手洗いは石けんを使って、ていねいに行いましょう。

食中毒のおもな症状

食中毒は腹痛や下痢、おう吐、発熱などが起こります。

夏《なつ》に多《おお》い食中毒《しょくちゅうどく》と予防《よぼう》のポイント

細菌《さいきん》やウイルスに汚染《おせん》された食《た》べ物《もの》を食《た》べて、腹痛《ふくつう》や下痢《げり》、おう吐《と》、発熱《はつねつ》などの症状《しょうじょう》が起《お》きることを食中毒《しょくちゅうどく》といいます。食中毒《しょくちゅうどく》は１年中発生《ねんじゅうはっせい》しますが、夏《なつ》になると気温《きおん》が高《たか》くなり、細菌性食中毒《さいきんせいしょくちゅうどく》が増加《ぞうか》します。食中毒《しょくちゅうどく》を予防《よぼう》するための３つのポイントは細菌《さいきん》を「つけない」、「増《ふ》やさない」、「やっつける」ことです。食中毒《しょくちゅうどく》の原因菌《げんいんきん》を食《た》べ物《もの》に「つけない」ためには、石《せっ》けんでていねいに手《て》を洗《あら》いましょう。そして、食《た》べ物《もの》についた菌《きん》を「増《ふ》やさない」ためには、低温保存《ていおんほぞん》が大切《たいせつ》です。また、ほとんどの細菌《さいきん》は加熱《かねつ》で死滅《しめつ》するので、しっかり加熱《かねつ》して「やっつける」ようにしましょう。特《とく》に肉《にく》はよく焼《や》いて、中心部《ちゅうしんぶ》を75℃で１分間以上加熱《ぷんかんいじょうかねつ》することが目《め》安《やす》です。

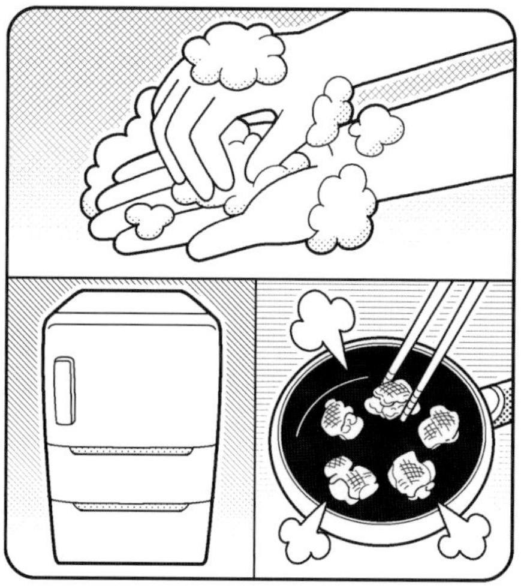

参考文献　政府広報オンライン「食中毒を防ぐ３つの原則・６つのポイント」ほか

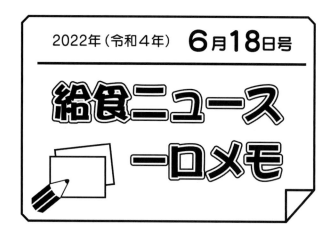

2022年（令和４年）　**6月28日号**

給食ニュース 一口メモ

少年写真新聞 Juniors' Visual Journal https://www.schoolpress.co.jp/

給食ニュース

No.1865 2022年（令和4年）6月28日号

SDGsと食 飲み終わった 牛乳びん 牛乳パック のゆくえ

給食の牛乳の容器はごみとして捨てられず、リユースやリサイクルされます

牛乳びん

空になったびん　回収　びんを洗う　牛乳を入れる　リユース（再利用）

牛乳びんは回収されて、牛乳の工場に運ばれます。

ごみなどを取り除き、高温の湯で洗浄と殺菌消毒をして乾燥させます。

きれいになったびんに再び牛乳が詰められて、出荷されます。

みなさんの給食に再び登場します。牛乳びんはくり返し使われます。

牛乳パック

空になった牛乳パック　回収　製紙会社　リサイクル（再生利用）

牛乳、ジュース、コーヒー、酒などの紙パックに表示されるマークです。

使用済み牛乳パックを原料として使用した商品に表示されるマークです。

牛乳パックは洗ってかわかして回収され、製紙会社や再生紙の工場に運ばれます。

ビニールの部分は取り除かれ、厚紙の部分はとかされて紙の原料になります。

トイレットペーパーなどの紙製品に生まれかわります。

SUSTAINABLE DEVELOPMENT GOALS

SDGsとは、Sustainable Development Goalsを略したもので、持続可能な開発目標のことです。よりよい世界を目指すために、2030年までにすべての国の人が、自主的に取り組んでいくための17の目標が設定されています。

目標12 持続可能な消費と生産のパターンを確保する。

ごみを減らす 3Rって何？

3Rとは「リデュース（Reduce）」「リユース（Reuse）」「リサイクル（Recycle）」の3つのRの頭文字で、資源を循環させながら利用し続けるための方法です。

リデュースは必要な分だけ買うなど、ごみの発生を減らすこと、リユースはくり返し使ったり、必要な人に譲ったりすること、リサイクルは資源として再生利用することです。

給食で使用した牛乳びんは洗浄・消毒した後にくり返し使われ、牛乳パックも資源として利用されるものがあります。

牛乳びんのようにくり返し使うことをリユース、牛乳パックのように原料まで戻して、資源として再生利用することをリサイクルといいます。

これらは、ＳＤＧｓの目標12にあたり、持続可能な消費と生産の取り組みです。

SDGsと食《しょく》

飲《の》み終《お》わった牛乳《ぎゅうにゅう》の容器《ようき》のゆくえ

給食《きゅうしょく》で使用《しよう》した牛乳《ぎゅうにゅう》びんは、回収後《かいしゅうご》、洗浄《せんじょう》や殺菌消毒《さっきんしょうどく》をされ、再《ふたた》び牛乳《ぎゅうにゅう》を入《い》れてくり返《かえ》し使《つか》われます。牛乳《ぎゅうにゅう》パックは工場《こうじょう》で、トイレットペーパーなどに再生利用《さいせいりよう》されています。牛乳《ぎゅうにゅう》びんのようにくり返《かえ》し使《つか》ったり、ものを必要《ひつよう》な人《ひと》にゆずったりすることをリユース、牛乳《ぎゅうにゅう》パックのように原料《げんりょう》まで戻《もど》し、資源《しげん》として再生利用《さいせいりよう》することをリサイクルといいます。また、必要《ひつよう》な分《ぶん》だけを買《か》うなどのごみの発生《はっせい》を減《へ》らすことをリデュースといい、これらを「３Ｒ」と呼《よ》びます。「３Ｒ」はごみを減《へ》らして、資源《しげん》を循環《じゅんかん》させながら利用《りよう》し続《つづ》ける取《と》り組《く》みです。

牛乳《ぎゅうにゅう》の容器《ようき》のほかにも、自分《じぶん》たちで、ごみを減《へ》らすためにできることを考《かんが》えてみましょう。

参考文献　『ごみゼロ大作戦！ めざせ！ Ｒの達人 ４リユース』『ごみゼロ大作戦！ めざせ！ Ｒの達人 ６リサイクル』
浅利美鈴監修　ポプラ社刊ほか

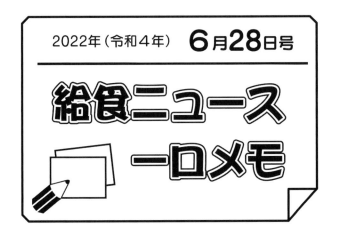

少年写真新聞
Juniors' Visual Journal

給食ニュース

2022年（令和４年）７月８日発行 第1866号付録

株式会社 少年写真新聞社
〒102-8232 東京都千代田区九段南4-7-16市ヶ谷KTビルI
https://www.schoolpress.co.jp/

★定期刊行物は終わる期間を予定しない刊行物です。年度が替わりましても、購読中止のお申し出がない場合、引き続きニュースをご送付申し上げます。

運動後の疲労回復に役立つ食事とは

日本体育大学 児童スポーツ教育学部 助教 安達瑞保

栄養バランスのよい食事が基本

運動するとエネルギー消費量が増加し、エネルギー代謝にかかわるビタミンも消耗します。主なエネルギー源は炭水化物（糖質）です。ごはんなどから摂取した糖質は消化され、肝臓と筋肉にグリコーゲンとして蓄えられています。糖質は脳や中枢神経系のエネルギー源としても重要であることから、運動時の集中力にもかかわります。翌日までにグリコーゲン量が回復できるように補給することが必要です。

エネルギー源となる栄養素は、糖質以外に脂質やたんぱく質があります。これらの栄養素からエネルギーを産生するために、ビタミンB群が必要不可欠です。特に糖質をエネルギー源として利用するためには、ビタミンB_1が必要です。疲労回復のためには、糖質以外にもビタミンB_1の補給源である豚肉や豆製品、さけ、玄米などを日頃から意識してとります。成長期の子どもたちが運動後に疲労回復を図るためには、消費したエネルギーや栄養素を補えるバランスのよい食事が必要です。

生活習慣も疲労回復の鍵になる

小中学生を対象とした調査では、朝食を毎日食べる習慣が健康維持に有効である[1)]ことや、「だるさや疲れを感じない」児童の方がバランスのよい朝食をとっている傾向にある[2)]ことが報告されています。また、小学生を対象とした調査では、就寝時刻が遅い（21時以降）児童は就寝時刻が早い（21時まで）児童と比較し、「だるさや疲れやすさ」を感じやすい傾向にある[3)]こと、小中学生の疲労自覚症状の軽減には毎日朝食を食べることや、十分な睡眠時間を確保することなどが必要である[4)]ことも報告されています。疲労回復のためには、毎食の食事で栄養バランスをととのえる以外に、血液循環をよくする入浴、睡眠・休養、そして毎日の朝食習慣が大切です。

食事はタイミングと食品選択がポイント

練習後に糖質やたんぱく質を摂取する場合、タイミングによってその効果に差が生じます。疲労回復を図るためには、練習や試合後になるべく早く栄養補給をすることが理想です。練習後の夕食が遅い時間になる場合、翌朝に胃腸の不快感から朝食の欠食につながらないよう、消化のよい食品選択や調理方法への配慮をすることも必要です。

試合後は、次の試合までの時間によって食事内容を調整します。試合後から夕食までの時間が長くあいてしまう場合には、おにぎりやサンドイッチ、バナナなどをとって、糖質やたんぱく質を補給します。

1）守田真里子・南久則「小中学生の朝食内容と生活リズム及び学習意欲、健康状態の関連性～摂取食品数と味噌汁摂取の影響～」『日本食育学会誌』12（2）：173-182,2018
2）永原真奈見・太田雅規・梅木陽子・南里明子・早渕仁美「小学生の入学後６年間における朝食の食事バランスと生活習慣や不定愁訴の変化」『栄養学雑誌』78（4）：131-142,2020
3）永原真奈見・梅木陽子・太田雅規・牛尾加枝・柴田道世・南里明子・早渕仁美「小学校1年生の生活習慣・不定愁訴の実態と就寝時刻・保護者の生活習慣との関連」『日本食育学会誌』14（1）：13-26,2020
4）田中良・鹿野晶子・野井真吾「小中学生における疲労自覚症状の実態とその関連要因の検討」『日本幼少児童健康教育学会誌』2（2）77-85,2017

著者プロフィール

安達瑞保（あだち・みずほ）2001年4月～2013年3月　日本体育大学 スポーツ局 医・科学サポートスタッフ（管理栄養士）として大学生アスリートの栄養サポートを実施。2013年4月より現職。

2022年（令和４年） **7月8日号**

給食ニュース 一口メモ

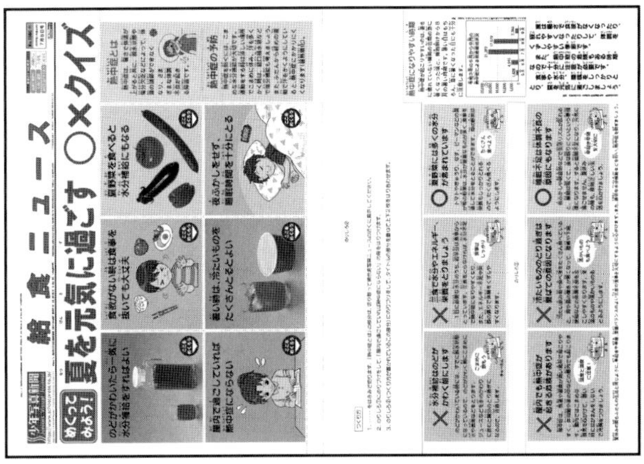

夏《なつ》を元《げん》気《き》に過《す》ごすために

夏《なつ》は暑《あつ》さで、食欲《しょくよく》がなくなったり体《からだ》が疲《つか》れやすくなったりして、体調《たいちょう》をくずしやすい季節《きせつ》です。

暑《あつ》い時《とき》は汗《あせ》を多《おお》くかくので、のどがかわく前《まえ》にこまめに水分《すいぶん》補給《ほきゅう》をします。食欲《しょくよく》がないからと、食事《しょくじ》を抜《ぬ》くと水分《すいぶん》やエネルギーが不足《ふそく》したり、栄《えい》養《よう》が偏《かたよ》ったりして体調《たいちょう》をくずしやすくなります。栄養《えいよう》バランスのよい三食《さんしょく》をとるようにします。冷《つめ》たいもののとり過《す》ぎは胃《い》や腸《ちょう》に負担《ふたん》がかかり、体《たい》調《ちょう》不良《ふりょう》を起《お》こしやすくなるので気《き》をつけましょう。また、夜《よ》ふかしなどで睡眠不足《すいみんぶそく》になると元気《げんき》に過《す》ごせないので、十分《じゅうぶん》な睡眠《すいみん》が大切《たいせつ》です。体調《たいちょう》がよくない時《とき》には、熱中症《ねっちゅうしょう》にもなりやすくなるので注意《ちゅうい》します。

食事《しょくじ》や水分《すいぶん》、睡眠《すいみん》などをしっかりとり、夏《なつ》を元気《げんき》に過《す》ごしましょう。

参考文献　環境省「熱中症環境保健マニュアル 2022」『ホントはコワイ夏バテ51の対策』福田千晶監修 日東書院本社刊

2022年（令和４年） 7月18日号

給食ニュース 一口メモ

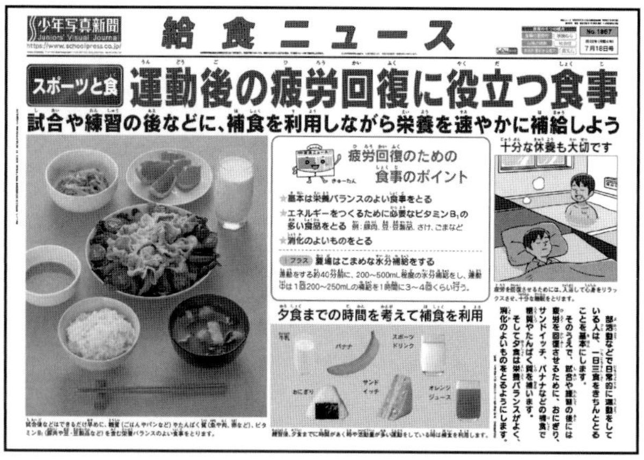

少年写真新聞 Juniors' Visual Journal https://www.schoolpress.co.jp/

給食ニュース

7月18日号

スポーツと食 運動後《うんどうご》の疲労回復《ひろうかいふく》に役立《やくだ》つ食事《しょくじ》

試合や練習の後などに、補食を利用しながら栄養を速やかに補給しよう

試合後などはできるだけ早めに、糖質（ごはんやパンなど）やたんぱく質（魚や肉、卵など）、ビタミンB_1（豚肉や豆・豆製品など）を含む栄養バランスのよい食事をとります。

疲労回復のための食事のポイント

きゅーたん

★基本は栄養バランスのよい食事をとる

★エネルギーをつくるために必要なビタミンB_1の多い食品をとる 例：豚肉、豆・豆製品、さけ、ごまなど

★消化のよいものをとる

プラス 夏場はこまめな水分補給をする

運動をする約40分前に、200～500mL程度の水分補給をし、運動中は1回200～250mLの補給を1時間に3～4回くらい行う。

十分な休養も大切です

疲労を回復させるためには、入浴して心身をリラックスさせ、十分な睡眠をとります。

夕食までの時間を考えて補食を利用

牛乳　バナナ　スポーツドリンク　おにぎり　サンドイッチ　オレンジジュース

練習後、夕食までに時間があく時や活動量が多い運動をしている時は補食を利用します。

部活動などで日常的に運動をしている人は、一日三食をきちんととることを基本にします。

そのうえで、試合や練習の後には疲労を回復させるために、おにぎり、サンドイッチ、バナナなどの補食で糖質やたんぱく質を補います。

そして夕食は栄養バランスがよく、消化のよいものをとるようにします。

スポーツと食《しょく》

運動後《うんどうご》の疲労回復《ひろうかいふく》を早《はや》めるには

部活動《ぶかつどう》やスポーツクラブなどで日常的《にちじょうてき》に運動《うんどう》をしている人《ひと》が、疲労《ひろう》を速《すみ》やかに回復《かいふく》させるためには、補食《ほしょく》をとったり、早《はや》めに夕食《ゆうしょく》をとったりするなどの工夫《くふう》が必要《ひつよう》です。

練習《れんしゅう》や試合《しあい》の後《あと》、すぐに夕食《ゆうしょく》が食《た》べられる場合《ばあい》には、糖質《とうしつ》（ごはんやパンなど）やたんぱく質《しつ》（魚《さかな》や肉《にく》、卵《たまご》など）、ビタミンB_1（豚肉《ぶたにく》や豆《まめ》・豆製品《まめせいひん》など）がしっかりととれる栄養《えいよう》バランスのととのったものにします。練習《れんしゅう》や試合後《しあいご》から夕食《ゆうしょく》までの時間《じかん》が長《なが》くあいてしまう場合《ばあい》には、おにぎりやサンドイッチ、バナナなどの補食《ほしょく》をとって、糖質《とうしつ》やたんぱく質《しつ》を補《おぎな》います。そうすることで、速《すみ》やかな疲労回復《ひろうかいふく》につなげることができます。

また、疲労回復《ひろうかいふく》には休養《きゅうよう》や睡眠《すいみん》も必要《ひつよう》です。

参考文献　『子どものためのスポーツ食トレ』亀井明子監著 少年写真新聞社刊ほか

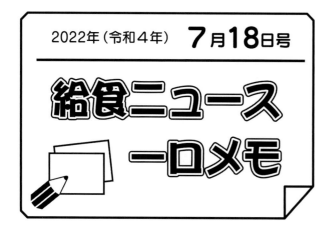

少年写真新聞
Juniors' Visual Journal

学校全体で使える！

給 食 ニュース

2022年（令和４年）８月８日発行 第1868号付録

株式会社 少年写真新聞社
〒102-8232 東京都千代田区九段南4-7-16市ヶ谷KTビルI
https://www.schoolpress.co.jp/
★定期刊行物は終わる期間を予定しない刊行物です。年度が替わりましても、購読中止のお申し出がない場合、引き続きニュースをご送付申し上げます。

子ども食堂は地域の子どもにおせっかいができる場所

認定NPO法人豊島子どもＷＡＫＵＷＡＫＵネットワーク 理事長　栗林知絵子

子ども食堂のはじまり

コロナ禍でも増え続けている「子ども食堂」という取り組みをご存じでしょうか。10年前、東京都大田区の小学校教諭が「ひとり親家庭で、親が精神疾患を抱え、体調が悪い時は、給食以外をバナナ一本で過ごす時がある」という現実を、地域と共有したことがきっかけで「こども食堂」が誕生しました。

同じ頃、わたしたちは東京都豊島区でおせっかいな地域住民がつながって「豊島子どもWAKUWAKUネットワーク」を設立し、2013年に子ども食堂と無料学習支援の活動を始めました。きっかけは、豊島区の「プレーパーク（2003年から官民共同で運営している遊び場）」に来た子どもの「毎日、コンビニ弁当を買って一人で食べている」という声や、「小学２年時から４回転校をくり返すうちに、勉強がわからないことをだれにも相談できなくなった」という声を聞いたことです。子どもが温かい手づくりのごはんを、わいわいがやがや楽しく食べる団らんを地域でつくろう！　と考えたのが、始まりです。

その頃は、子育ては親の自己責任論が根強い時代でしたし、勉強を教えるのは学校がやることだという批判も受けました。

親や学校に責任を押しつけてきた社会は、やがて「子どもに無関心」な社会をつくってきました。そして、他人の子どもにおせっかいするすべを失ってしまいました。

おせっかいができる社会へ

わたしたちのように、なんの資格もない主婦が「ごはんをつくることならできる」と、地域の同志とつながり、まずは一回だけでもと始めたことが、今や全国に約6000か所（2021年NPO法人全国こども食堂支援センター・むすびえ調査）まで広がりました。

場所はどうしよう？　食材は？　子どもは来てくれるのか？　課題はいろいろありますが、地域の人やすでに子ども食堂を運営している方に相談しているうちに、子ども食堂の継続が可能になり、地域の子どもにおせっかいができるようになるのです。子どもを大切にしたいという思いから、コロナ禍でも、お弁当や米などの食材を取りに来てもらうなど、工夫を凝らして活動を継続しています。かかわるおとなはみんな、子どもたちにおせっかいができて楽しそうです。

学校と地域をつなぐ子ども食堂

地域には、子どもだけではなく、保護者や先生のことも大切に思っている人が、たくさんいます。個人情報を共有する必要はありませんが、学校や先生の困りごとを地域と共有する機会があれば、さらに子ども食堂は増え、子どもにおせっかいする人は増えるでしょう。

子どもの「あのね」を聞いてくれる人、困った時に相談できる人がいることを、すべての子どもが幼少期から経験してほしいです。

著者プロフィール

栗林知絵子（くりばやし・ちえこ）認定NPO法人豊島子どもＷＡＫＵＷＡＫＵネットワーク理事長。民生委員児童委員。2004年より池袋本町プレーパークの運営に携わり地域活動を始める。自他共に認める「おせっかいおばさん」である。地域の子どもを地域で見守り育てるために、プレーパーク、無料学習支援、子ども食堂など、子どもの居場所を点在化して、子どもと家庭を伴走的に支援している。

2022年（令和４年）　8月8日号

給食ニュース 一口メモ

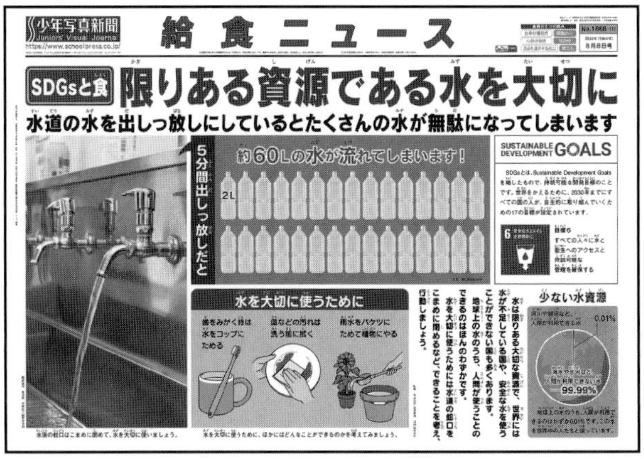
少年写真新聞 Juniors' Visual Journal
https://www.schoolpress.co.jp/
給食ニュース
No.1868
8月8日号
SDGsと食
限りある資源である水を大切に
水道の水を出しっ放しにしているとたくさんの水が無駄になってしまいます
5分間出しっ放しだと
約60Lの水が流れてしまいます！
2L
水を大切に使うために
歯をみがく時は水をコップにためる
皿などの汚れは洗う前に拭く
雨水をバケツにためて植物にやる
水道の蛇口はこまめに閉めて、水を大切に使いましょう。
水を大切に使うために、ほかにはどんなことができるのかを考えてみましょう。
水は限りある大切な資源で、世界には水が不足している国や、安全な水を使うことができない国も多くあります。地球上の水のうち、人間が使うことのできるのはほんのわずかです。水を大切に使うためには水道の蛇口をこまめに閉めるなど、できることを考え、行動しましょう。
SUSTAINABLE DEVELOPMENT GOALS
SDGsとは、Sustainable Development Goalsを略したもので、持続可能な開発目標のことです。世界をかえるために、2030年までにすべての国の人が、自主的に取り組んでいくための17の目標が設定されています。
目標6 すべての人々に水と衛生へのアクセスと持続可能な管理を確保する
少ない水資源
河川や湖沼など、人間が利用できる水 0.01%
海水や氷河など、人間が利用できない水 99.99%
地球上の水のうち、人間が利用できるのはわずか0.01%です。この水を世界中の人たちと使っています。

SDGsと食《しょく》

限《かぎ》りある資源《しげん》である水《みず》を大切《たいせつ》に

地球《ちきゅう》には水《みず》が豊富《ほうふ》にありますが、そのほとんどは人間《にんげん》が利用《りよう》できない海水《かいすい》や氷河《ひょうが》などです。わたしたちが使《つか》うことのできる河川《かせん》や湖沼《こしょう》などの水《みず》は、全体《ぜんたい》の0.01％しかありません。世界《せかい》には水《みず》が不足《ふそく》している国《くに》もたくさんあり、安全《あんぜん》な水《みず》を手《て》に入《い》れられない人《ひと》の数《かず》は20億人以上《おくにんいじょう》といわれます。

水道《すいどう》の水《みず》を30秒間《びょうかん》出《だ》しっ放《ぱな》しにすると、6リットルの水《みず》が流《なが》れてしまいます。こまめに蛇口《じゃぐち》を閉《し》め、水《みず》を無駄《むだ》にしないようにしましょう。また、歯《は》をみがく時《とき》にコップに水《みず》をためたり、皿《さら》を洗《あら》う前《まえ》に汚《よご》れを拭《ふ》き取《と》ったりすることも、水《みず》の使《つか》い過《す》ぎを防《ふせ》ぎます。

ほかにも、限《かぎ》りある水《みず》を大切《たいせつ》に使《つか》うために、わたしたちにできることを考《かんが》えてみましょう。

参考文献　『なぜ？ から調べる水のじゅんかん ①水はどこから来るの？』太田猛彦監修 学研プラス刊　ユニセフHPほか

2022年（令和４年）　８月28日号

給食ニュース　一口メモ

少年写真新聞
Juniors' Visual Journal
https://www.schoolpress.co.jp/
給食ニュース
食育まんが
子《こ》ども食堂《しょくどう》は楽《たの》しい団《だん》らんの場《ば》

子《こ》ども食堂《しょくどう》は楽《たの》しい団《だん》らんの場《ば》

「子《こ》ども食堂《しょくどう》」は、子《こ》どもやその保護者《ほごしゃ》、地域《ちいき》の人《ひと》たちに対《たい》して、食事《しょくじ》や温《あたた》かな団《だん》らんの場所《ばしょ》を、無《む》料《りょう》または安価《あんか》に提供《ていきょう》しています。食堂《しょくどう》にきた人《ひと》は、食事《しょくじ》をとるだけではなく、一緒《いっしょ》に準備《じゅんび》をしたり、おしゃべりや宿題《しゅくだい》をしたりして、自由《じゆう》に過《す》ごします。子《こ》ども食堂《しょくどう》は、地域《ちいき》の人《ひと》やNPO法人《ほうじん》などのボランティアが中心《ちゅうしん》になって運営《うんえい》していることが多《おお》く、全国的《ぜんこくてき》に広《ひろ》がっています。場所《ばしょ》や回数《かいすう》などは、食《しょく》堂《どう》によってさまざまですが、地域《ちいき》の宝《たから》である子《こ》どもたちが、おいしく楽《たの》しく食事《しょくじ》ができる場《ば》となっています。

現在《げんざい》では、新型《しんがた》コロナウイルス感染症《かんせんしょう》対策《たいさく》のため、弁当《べんとう》や食品《しょくひん》の配布《はいふ》に切《き》りかえているところもあります。自分《じぶん》の地域《ちいき》の子《こ》ども食堂《しょくどう》について、調《しら》べてみましょう。

参考文献　農林水産省「子供食堂と地域が連携して進める食育活動事例集～地域との連携で食育の環が広がっています～」ほか

少年写真新聞
Juniors' Visual Journal

給食ニュース

2022年（令和４年）９月８日発行 第1870号付録

株式会社 少年写真新聞社
〒102-8232 東京都千代田区九段南4-7-16市ヶ谷KTビルⅠ
https://www.schoolpress.co.jp/
★定期刊行物は終わる期間を予定しない刊行物です。年度が替わりましても、購読中止のお申し出がない場合、引き続きニュースをご送付申し上げます。

英語を使って、食べ物を各グループにわけよう

青山学院大学 文学部 英米文学科 教授　アレン玉井光江

英語で食べ物について考えてみよう！

『NEW HORIZON Elementary English Course６』（東京書籍刊）のユニット６では、食べ物を通して世界とのつながりを考えるという目標のもと、前の晩に食べたカレーライスを題材に話が始まります。カレーライスは家庭科の実習でもよく調理される食べ物なので、児童にもなじみ深いものです。カレーライスの材料が世界のどこからきているのかを考え、英語で表現します。例えば、The beef is from Australia.などといいながら、食材を通して世界とのつながりを英語で考えます。そして、リスニングの活動の一つとして食べ物の栄養素についての学習が続きます。５年生の家庭科で学習した「おもにエネルギーのもとになる」食品群（Yellow Group）、「おもに体をつくるもとになる」食品群（Red Group）、そして「おもに体の調子をととのえるもとになる」食品群（Green Group）について英語で理解し、表現できるように学習をすすめます。具体的にはそれぞれの食材がどのグループに入るかを考え、例えばFish is in the red group.のように英語で表現していきます。

児童の朝食や夕食について話し合うのもよいのですが、いろいろな家庭の事情がありますので、給食について話し合うのが一番適切だと思います。現場では「今日の給食で食べたものを、学習した英語でグループわけしてみよう！」と取り組んでおられる先生が多くおられます。活動を通して、給食は栄養のバランスがいかに優れているかを児童は実感できると思います。このように英語で学習することにより家庭科での学習の復習にもなりますし、英語で学習する意味も深まります。

単元の最後では日本の食料事情について、自給率を中心に考えていきます。ここでは日本語も使用しながら、より深く食べることを通して世界とのつながりを考えます。

他教科で学習したことを英語で学ぼう！

この単元では、家庭科の学習で得た知識を中心に英語の学習をすすめます。英語という言葉について勉強するのではなく、英語を使って家庭科で学習したことを復習します。つまり、英語は学習の手段として使われています。これは日本語で理科や算数などの教科学習をすすめているのと似ています。近年、このように外国語の仕組みについて教えるというよりも、外国語を使って何かを学習するという教え方に注目が集まっています。

児童を対象とした場合は、ほかの教科で学習した事柄や社会的な動き（SDGs等）に関するものが題材になることが多いようです。外国語能力が未熟な児童の場合、単語や表現を簡素化する必要がありますが、児童は他教科で学習したことなので内容がわかります。このわかるということが、学習への強い動機づけになるのです。言葉の学習には意味のある文脈が不可欠です。

著者プロフィール

アレン玉井光江（アレン・たまい・みつえ）青山学院大学 文学部 英米文学科 教授　テンプル大学大学院教育学研究科英語教育学専攻博士課程修了。Ed.D.（教育学）。千葉大学教育学部・大学院教育学研究科教授を経て、現職。専門は小学校英語教育、第二言語教育、読み書き教育。

2022年（令和4年） **9月8日号**

給食ニュース 一口メモ

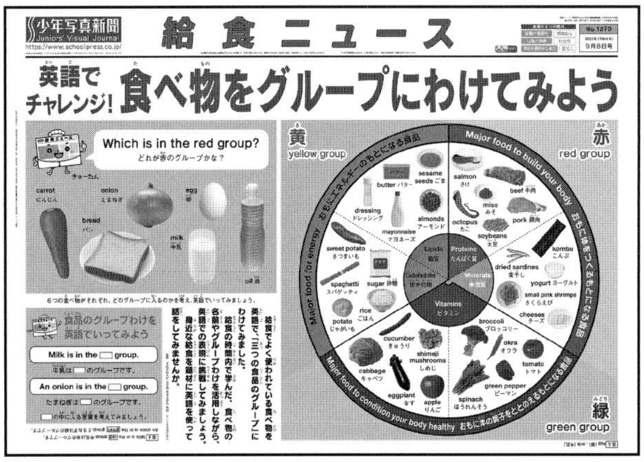
少年写真新聞 Juniors' Visual Journal
https://www.schoolpress.co.jp/

給食ニュース

No.1270 2022年（令和4年）9月8日号

英語でチャレンジ! 食べ物をグループにわけてみよう

給食でよく使われている食べ物を英語で、「三つの食品のグループ」にわけてみました。給食の時間内で学んだ、食べ物の名前やグループわけを活用しながら、英語での表現に挑戦してみましょう。身近な給食を題材に英語を使って話をしてみませんか。

Which is in the red group?
どれが赤のグループかな？
きゅーたん
carrot にんじん
onion たまねぎ
egg 卵
bread パン
milk 牛乳
oil 油

6つの食べ物がそれぞれ、どのグループに入るのかを考え、英語でいってみましょう。

食品のグループわけを英語でいってみよう
Milk is in the ☐ group.
牛乳は☐のグループです。
An onion is in the ☐ group.
たまねぎは☐のグループです。
☐の中に入る言葉を考えてみましょう。

黄 yellow group
Major food for energy おもにエネルギーのもとになる食品
butter バター
sesame seeds ごま
dressing ドレッシング
mayonnaise マヨネーズ
almonds アーモンド
sweet potato さつまいも
spaghetti スパゲッティ
sugar 砂糖
rice ごはん
potato じゃがいも

赤 red group
Major food to build your body おもに体をつくるもとになる食品
salmon さけ
beef 牛肉
octopus たこ
miso みそ
pork 豚肉
soybeans 大豆
kombu こんぶ
dried sardines 煮干し
yogurt ヨーグルト
small pink shrimps さくらえび
cheeses チーズ

緑 green group
Major food to condition your body healthy おもに体の調子をととのえるもとになる食品
cucumber きゅうり
shimeji mushrooms しめじ
cabbage キャベツ
eggplant なす
apple りんご
broccoli ブロッコリー
okra オクラ
tomato トマト
green pepper ピーマン
spinach ほうれんそう

Lipids 脂質
Proteins たんぱく質
Carbohydrates 炭水化物
Minerals 無機質
Vitamins ビタミン

英語《えいご》を使《つか》って、食《た》べ物《もの》を各《かく》グループにわけてみよう

『給食《きゅうしょく》ニュース』9月《がつ》8日《か》号《ごう》では、給食《きゅうしょく》によく出《で》てくる食《た》べ物《もの》として、carrot（にんじん）、onion（たまねぎ）、egg（卵《たまご》）、bread（パン）、milk（牛《ぎゅう》乳《にゅう》）、oil（油《あぶら》）をあげました。この6つの食《た》べ物《もの》を英語《えいご》を使《つか》って、3つの食品《しょくひん》のグループにわけてみます。それぞれ、どのグループになるかを考《かんが》えて、英語《えいご》で伝《つた》えてみましょう。

例《たと》えば、「牛乳《ぎゅうにゅう》は赤《あか》のグループです」を英語《えいご》でいうと、「Milk is in the red group.」になります。「たまねぎは緑《みどり》のグループです」を英語《えいご》でいってみると、「An onion is in the green group.」になります。

みなさんも、このように給食《きゅうしょく》に出《で》てくる食《た》べ物《もの》を使《つか》って、英語《えいご》で話《はな》してみましょう。

参考文献　『NEW HORIZON Elementary Course 6』アレン玉井光江・阿野幸一・濱中紀子ほか60名 著 東京書籍刊

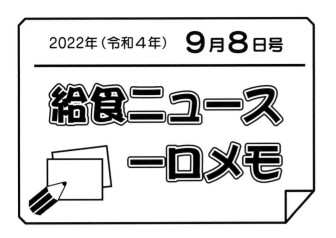

2022年（令和４年）　9月18日号

給食ニュース
一口メモ

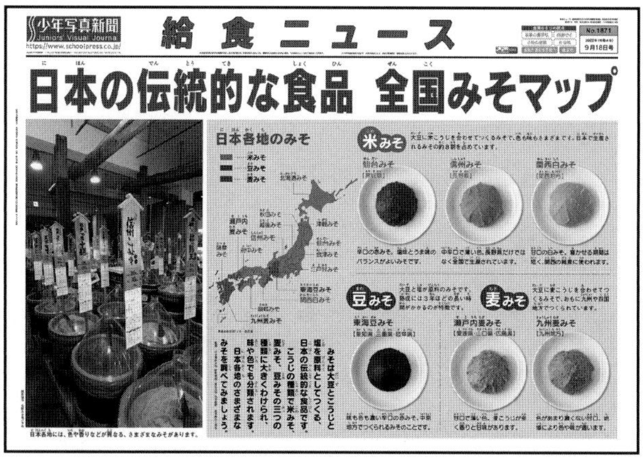
少年写真新聞 Juniors' Visual Journal https://www.schoolpress.co.jp/
給食ニュース
No.1871
9月18日号
日本《にほん》の伝統的《でんとうてき》な食品《しょくひん》　全国《ぜんこく》みそマップ
日本各地のみそ
米みそ　豆みそ　麦みそ
みそは大豆とこうじと塩を原料としてつくる、日本の伝統的な食品です。こうじの種類で米みそ、麦みそ、豆みその三つの種類に大きくわけられ、味や色でも分類されます。日本各地のさまざまなみそを調べてみましょう。
米みそ
仙台みそ　信州みそ　関西白みそ
豆みそ
東海豆みそ
麦みそ
瀬戸内麦みそ　九州麦みそ
日本各地には、色や香りなどが異なる、さまざまなみそがあります。

日本《にほん》の伝統的《でんとうてき》な食品《しょくひん》　みそ

みそは昔《むかし》から食《た》べられている伝統的《でんとうてき》な食品《しょくひん》です。日本各地《にほんかくち》に多種多様《たしゅたよう》なみそがあります。

みその原料《げんりょう》は大豆《だいず》とこうじと塩《しお》です。使《つか》うこうじの種類《しゅるい》によって、信州《しんしゅう》みそなどの「米《こめ》みそ」、九州《きゅうしゅう》麦《むぎ》みそなどの「麦《むぎ》みそ」、東海《とうかい》豆《まめ》みそなどの「豆《まめ》みそ」の３種類《しゅるい》に大《おお》きくわけられます。ほかにも、みその味《あじ》によって「辛口《からくち》」や「甘口《あまくち》」、色《いろ》によって「赤《あか》」「白《しろ》」「淡色《たんしょく》」などにわけられています。家庭《かてい》や地域《ちいき》では、どんなみそを食《た》べているのかを調《しら》べてみましょう。また、昔《むかし》は家庭《かてい》でみそをつくることが一般的《いっぱんてき》で、自分《じぶん》の家《いえ》でつくるみそがいちばんおいしいと互《たが》いに自慢《じまん》しあったことから、自分《じぶん》で自分《じぶん》のことを自慢《じまん》するという意味《いみ》の手前《てまえ》みそという言葉《ことば》が生《う》まれました。

参考文献　『47都道府県・発酵文化百科』北本勝ひこ著 丸善出版刊　農林水産省HPほか

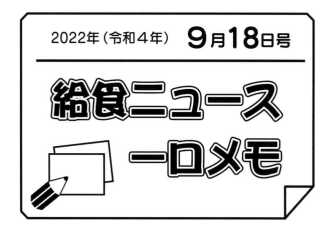

2022年（令和４年）　9月28日号

給食ニュース　一口メモ

少年写真新聞 Juniors' Visual Journal
https://www.schoolpress.co.jp/

給食ニュース

No.1872
9月28日号

おいしく見《み》せる料理《りょうり》の盛《も》りつけ

盛りつけ方《かた》に少《すこ》し気《き》を配《くば》るだけで、よりおいしそうに見《み》せることができます

AとBのどちらがおいしそうに見えますか？

A

B

料理のおいしさは、食べ物の味や香りだけで決まるわけではありません。料理の盛りつけ方、彩りのよさや器などの見た目も、おいしさに影響するといわれています。

手軽にできるもうひと工夫

ランチョンマットや、テーブルクロスなどを使うと、見た目の印象がかわるよ

きゅーたん

盛りつけのポイント

ごはんは、かたまりをほぐして、こんもりと中央を高くして盛ります。

あえ物は、周りに余白（すき間）ができるように中央を高くして盛ります。

ソースなどが食器のふちについた時は、きれいに拭き取ります。

汁物は、おたまじゃくしで軽くかき混ぜ、実をしっかり入れてよそいます。

料理のおいしさは味や香りのほか、見た目もとても重要です。ごはんなどを高くこんもりと盛りつけたり、皿の汚れを拭き取ったり、少し気を配るだけで、よりおいしそうに見せることができます。

給食や調理実習の配膳の時は、見た目がきれいになるように、工夫して盛りつけましょう。

料理《りょうり》をおいしそうに盛《も》りつけよう

料理《りょうり》のおいしさは、食《た》べ物《もの》の味《あじ》や香《かお》りだけで決《き》まるわけではありません。盛《も》りつけ方《かた》や彩《いろど》りのよさなども、おいしさに影響《えいきょう》するといわれています。

ごはんは、かたまりをほぐして、こんもりと中央《ちゅうおう》を高《たか》くして盛《も》ります。あえ物《もの》は、周《まわ》りに余白《よはく》ができるようにします。ソースなどが食器《しょっき》のふちについた時《とき》は、きれいに拭《ふ》き取《と》ります。汁物《しるもの》は、おたまじゃくしでかき混《ま》ぜ、全員《ぜんいん》にまんべんなく実《み》が入《はい》るようによそいます。このように少《すこ》し気《き》を配《くば》るだけで、よりおいしそうに見《み》せることができます。さらに、ランチョンマットやテーブルクロスを使《つか》うと、見《み》た目《め》の印象《いんしょう》をかえることができます。

給食《きゅうしょく》や調理実習《ちょうりじっしゅう》の配膳《はいぜん》の時《とき》に、盛《も》りつけを工夫《くふう》してみましょう。

参考文献　『技術・家庭［家庭分野］』大竹美登利ほか116名著 開隆堂刊　『新しい技術・家庭 家庭分野 自立と共生を目指して』佐藤文子 志村結美ほか55名著 東京書籍刊ほか

少年写真新聞
Juniors' Visual Journal

学校全体で
使える！

給食ニュース

2022年（令和４年）10月８日発行 第1873号付録

株式会社 少年写真新聞社
〒102-8232 東京都千代田区九段南4-7-16市ヶ谷KTビルI
https://www.schoolpress.co.jp/
★定期刊行物は終わる期間を予定しない刊行物です。年度が替わりましても、購読中止のお申し出がない場合、引き続きニュースをご送付申し上げます。

国連WFPの学校給食支援で救われる子どもの命

認定NPO法人　国連WFP協会

飢餓のない世界を目指して

国連WFPは、飢餓のない世界を目指して活動する国際連合の食料支援機関であり、その活動の柱の一つが学校給食支援です。これは、途上国の学校で栄養価の高い給食を提供するというもので、子どもたちの健全な発育を助けると同時に、就学率の向上にもつながります。

途上国では、国連WFPの学校給食が定期的に栄養をとれる唯一の食事という子どもたちが多くいます。栄養不良の子どもたちは身体的にも知的にも発達が遅れがちで、その状態が続けば一生取り返しのつかないダメージを受けることになりかねません。子どもたちが必要な栄養をとることができるよう、給食にはビタミンやミネラルなどの栄養素を加えたり、給食と同時に虫下し薬を投与したりしています。

また多くの子どもたちが、家庭の労働の担い手になるなどして、学校に通うことすらできていません。学校で無料の給食が出ると、家庭が子どもたちを積極的に学校に通わせる動機になります。戦争などの緊急時には、避難生活などで通学が難しくなり教育が中断しがちですが、学校給食があることで子どもたちを学校につなぎ止める効果が期待できます。同時に、学校給食があることで子どもたちは空腹が満たされ、勉強に集中することができます。

ジェンダー平等を目指して

さらに世界には、男の子にくらべて女の子の教育の機会が少ない国があります。学校給食があることで女の子の就学率が12%以上増加したという例もあり、女の子が教育を受けられる機会が増えます。

教育を受けることで子どもたちは未来への夢や希望を持てるようになり、教育の普及は社会や国の発展に寄与します。また国連WFPは可能な限り、給食で使う食材を地元で調達する「地産地消」を推進しており、地域の経済発展や農家の支援にもつながっています。

国連WFPの学校給食支援

国連WFPの学校給食は、多くの場合が朝食あるいは昼食で、両方が提供される場合もあります。調理場がある学校では温かい食事が提供されます。また「持ち帰り給食」という支援形式もあります。これは、子どもが一定の日数以上出席すれば、家族全員分の食料（米や食用油など）が提供され、家に持ち帰れるというものです。子どもたちが学校へ通うようになったことで生じる家計の損失を補うことができます。

国連WFPの学校給食支援の最終目標は、給食を提供している国の政府が学校給食支援から“卒業”し、自国の制度として独立した給食事業を継続的に運営することです。そのため、給食に関連した枠組みの設計や財源の確保をサポートしたり、給食事業の技術面でのノウハウを伝えたりしています。これまでに、ポルトガルやシンガポール、ブラジルなど約60か国以上が支援を“卒業”し、自国の給食制度を運営しています。

2022年（令和４年） 10月8日号

給食ニュース 一口メモ

少年写真新聞
Juniors' Visual Journal
https://www.schoolpress.co.jp/

給食ニュース

No.1873
10月8日号

ずっと食べ継がれてきた 元気な体をつくる ごはん

ごはんは成長期の脳や体によい働きをし、田んぼは地域の自然を守り続けています

ごはんを食べると体の中ではどんな働きをするのかな？

脳のエネルギー源になり、集中力が増す

体を動かすエネルギー源になる

成長期の体をつくるもとになる

ごはんに多く含まれている炭水化物は、体内でブドウ糖に分解されて、脳や体のエネルギー源となります。また、筋肉や血液などの体をつくるもとになる大切な、たんぱく質も含まれています。

ごはんの中には、成長期に大切な栄養素がたくさん含まれているので、わたしたちの体に重要な食べ物です。

一方で、農家の人は苦労して米をつくり、地域の水の保全や、豊かな自然環境を育む田んぼを守り続けていますが、つくる人の高齢化や米を食べる量が減っていることなどから、使われない田んぼも増えています。

ごはんをきちんと食べることが、自分の健康や地域の自然環境、食料問題にまでつながることを、改めてよく考えてみましょう。

地域でつくられ続けてきた田んぼと農家の人の役割

地下水をつくる

洪水を防ぐ

暑さをやわらげる

生き物のすみかになる

田んぼでは長い時間をかけてしみ込んだ水が地下水となるので水の保全に役立ち、ダムのような働きをして洪水を防いでいます。また、水の蒸発により空気を冷やして暑さをやわらげ、多様な生き物のすみかとなるなど、地域の自然環境に大切な役割を果たしています。

田んぼがあるのは、農家の人が苦労をして米をつくり続けているおかげなのです。

News

今年の２月にロシアによるウクライナ侵攻が始まりました。これにより、穀物などの値段が上がり、日本にも影響が出ています。日本は多くの食べ物を輸入に頼っていますが、米は唯一、100%国内生産で賄える食べ物です。改めて、自分たちの国でつくった米を食べ続けることの大切さを考えてみましょう。

ごはん(米《こめ》)を食《た》べ続《つづ》ける大切《たいせつ》さを考《かんが》えてみよう

ごはん(米《こめ》)は、脳《のう》や体《からだ》のエネルギー源《げん》になる炭《たん》水化物《すいかぶつ》が多《おお》く含《ふく》まれている大切《たいせつ》な主食《しゅしょく》です。

また、米《こめ》をつくる田《た》んぼは、水《みず》の保全《ほぜん》に役立《やくだ》ち、空気《くうき》を冷《ひ》やして暑《あつ》さをやわらげ、多様《たよう》な生《い》き物《もの》のすみかとなるなど、地域《ちいき》の自然環境《しぜんかんきょう》に大切《たいせつ》な役割《やくわり》を果《は》たしています。一方《いっぽう》で農家《のうか》の人《ひと》は苦労《くろう》して米《こめ》をつくっていますが、米《こめ》の消費量《しょうひりょう》が減《へ》り、つくる人《ひと》の高齢化《こうれいか》などで使《つか》われない田《た》んぼも増《ふ》えています。

2022年《ねん》２月《がつ》にロシアによるウクライナ侵攻《しんこう》が始《はじ》まり、穀物《こくもつ》などの値段《ねだん》が上《あ》がって自給率《じきゅうりつ》が低《ひく》い日本《にほん》にも影響《えいきょう》が出《で》ています。

自分《じぶん》の国《くに》でつくるごはん(米《こめ》)を食《た》べ続《つづ》けることが、自分《じぶん》の健康《けんこう》にも役立《やくだ》ち、地《ち》域《いき》の自然環境《しぜんかんきょう》や食料問題《しょくりょうもんだい》につながることを改《あらた》めて考《かんが》えてみましょう。

参考文献 「ごはんで作る元気な心と体 お米・ごはんBOOK」公益社団法人 米穀安定供給確保支援機構

2022年（令和４年） **10月18日号**

給食ニュース 一口メモ

少年写真新聞 Juniors' Visual Journal https://www.schoolpress.co.jp/

給食ニュース

No.1874 10月18日号

自分でできる！シリーズ カルシウムが手軽《てがる》にとれる間食《かんしょく》

成長期に大切なカルシウムは不足しがちな栄養素なので、積極的にとりましょう

牛乳フルーツ寒天

1人分

エネルギー	カルシウム	食塩相当量
119kcal	89mg	0.1g

使った材料（写真は２人分）

牛乳 好みのフルーツ（缶詰） ※パインアップル、黄桃、みかん 砂糖 水 粉寒天

こまつなとじゃこの チーズ入りお好み焼き

1人分

エネルギー	カルシウム	食塩相当量
253kcal	240mg	1.1g

使った材料（写真は１人分）

こまつな 小麦粉 卵 水 ちりめんじゃこ 粉チーズ 油

カルシウムを多く含む食品

牛乳 しらす干し ヨーグルト こまつな 納豆 きなこ

カルシウムは、骨や歯の材料になり、成長期に積極的にとりたい栄養素です。カルシウムが多い食品は牛乳・乳製品、しらす干しなどの小魚、こまつななどの青菜、豆・豆製品などがあります。

これらの食材を使って、不足しがちなカルシウムをとることができる間食を、つくってみませんか。

一日に必要なカルシウム量（mg）

	男性	女性
6～7歳	600	550
8～9歳	650	750
10～11歳	700	750
12～14歳	1000	800

自分《じぶん》でできる！ シリーズ

カルシウムが手軽《てがる》にとれる間食《かんしょく》

カルシウムは不足《ふそく》しがちな栄養素《えいようそ》です。一日三《いちにちさん》回《かい》の食事《しょくじ》でとり切《き》れない分《ぶん》は、間食《かんしょく》で補《おぎな》うとよいでしょう。カルシウムが多《おお》く含《ふく》まれている食品《しょくひん》には、牛乳《ぎゅうにゅう》・乳製品《にゅうせいひん》、小魚《こざかな》、青菜《あおな》、豆《まめ》・豆製品《まめせいひん》などがあります。牛乳《ぎゅうにゅう》を使《つか》った寒天《かんてん》やプリン、しらす干《ぼ》しやこまつな、チーズを使《つか》ったお好《この》み焼《や》きなど、カルシウムが手軽《てがる》にとれる間食《かんしょく》を、手《て》づくりしてみませんか。

カルシウムは、骨《ほね》や歯《は》をつくる材料《ざいりょう》になります。骨量《こつりょう》は、二次性徴《にじせいちょう》が始《はじ》まる10～11歳頃《さいごろ》から急激《きゅうげき》に増《ふ》えていき、20歳前後《さいぜんご》でピークを迎《むか》えます。今《いま》のうちからカルシウムをしっかりととって、骨密度《こつみつど》を高《たか》めておくことが、将来《しょうらい》の骨粗《こつそ》しょう症予防《しょうよぼう》のために大切《たいせつ》です。

参考文献 『やさしい食事療法 骨粗しょう症の人のおいしいレシピブック』大越郷子 永井隆士監修 保健同人社刊
『栄養素の通になる 第４版』上西一弘著 女子栄養大学出版部刊ほか

2022年（令和４年）　**10月28日号**

給食ニュース 一口メモ

少年写真新聞 Junior's Visual Journal
https://www.schoolpress.co.jp/

給食ニュース

No.1875 10月28日号

SDGsと食 給食《きゅうしょく》が子《こ》どもたちの命《いのち》を救《すく》う

食べることは生きることの基本、学校給食で命をつなぐ子どもたちがいます

アフガニスタンの小学校では栄養強化小麦粉、大豆粉、レーズンなどでつくった栄養価の高いパンが配られます。

給食を食べることで栄養状態が改善

給食は家族が子どもを通学させる良いきっかけになります。

ルワンダで提供される学校給食。

※57か国で1550万人の子どもたちに給食が出されたよ

きゅーたん

【給食のメニュー例】
・とうもろこしと大豆の粉をとかして煮たおかゆ（ルワンダ）
・魚介のカレー（スリランカ）
・栄養強化ビスケット（数多くの国や地域）

世界の子どもたちの現状

紛争
気候変動
新型コロナウイルス感染症
物価上昇
などが原因で → 5人に1人が慢性的な栄養不足

小さなうちから慢性的な栄養不足が続くと身体的にも知的にも発達が遅れる心配があります。世界では、1億4900万人の5歳未満の子どもが発育阻害（年齢に対して身長が低過ぎる）で、4500万人以上が身長に対して体重が少な過ぎています。

SUSTAINABLE DEVELOPMENT GOALS

SDGsとは、Sustainable Development Goals を略したもので、持続可能な開発目標のことです。世界をかえるために、2030年までにすべての国の人が、自主的に取り組んでいくための17の目標が設定されています。

目標2
飢餓に終止符を打ち、食料の安定確保と栄養状態の改善を達成すると共に、持続可能な農業を推進する。

世界の子どもたちの中には空腹のため、学校で勉強に集中できない子や、畑仕事、家事などで学校に行けない子がいます。学校給食があれば、子どもたちの栄養状態がよくなり、集中して勉強ができるようになるだけではなく家族が子どもを学校に通わせるきっかけにもなります。このような子どもたちの未来のため、世界中で給食支援が行われています。

SDGsと食《しょく》

給食《きゅうしょく》でつながる子《こ》どもたちの未来《みらい》

世界《せかい》には、紛争《ふんそう》や気候変動《きこうへんどう》などの影響《えいきょう》で食料《しょくりょう》が少《すく》なく、栄養《えいよう》が足《た》りない状態《じょうたい》で過《す》ごす子《こ》どもたちがたくさんいます。空腹《くうふく》のまま学校《がっこう》に行《い》っても勉《べん》強《きょう》に集中《しゅうちゅう》することができません。また、畑仕事《はたけしごと》や家事《かじ》をするために学校《がっこう》に行《い》くことができない子《こ》どももいます。

学校《がっこう》で無料《むりょう》の給食《きゅうしょく》が出《だ》されるようになると、子《こ》どもたちも空腹《くうふく》が満《み》たされ、集中《しゅうちゅう》して勉強《べんきょう》することができるようになります。また、家族《かぞく》が子《こ》どもを学校《がっこう》へ積極的《せっきょくてき》に通《かよ》わせるようになります。給食《きゅうしょく》支援《しえん》が行《おこな》われることで、子《こ》どもたちは、勉強《べんきょう》ができ、将来《しょうらい》の夢《ゆめ》や希望《きぼう》が持《も》てるようになります。そして、子《こ》どもたちの未来《みらい》と共《とも》に、その国《くに》の発展《はってん》にもつながっていきます。

参考資料　国連WFP「国連WFPの学校給食支援」

少年写真新聞
Juniors' Visual Journal

給食ニュース

2022年（令和４年）11月８日発行 第1876号付録

株式会社 少年写真新聞社
〒102-8232 東京都千代田区九段南4-7-16市ヶ谷KTビルⅠ
https://www.schoolpress.co.jp/
★定期刊行物は終わる期間を予定しない刊行物です。年度が替わりましても、購読中止のお申し出がない場合、引き続きニュースをご送付申し上げます。

不思議なきのこをおいしく安全に食べよう

国立科学博物館 植物研究部 研究主幹　保坂健太郎

きのこっていったい何者？

みなさんは、きのこを植物だと思っていませんか？　確かに動物のように歩き回るきのこは見たことがありませんし、地面や枯れ木からきのこが生えてくるようすは、植物のようです。実際に今から200年ほど前には、きのこは原始的な植物として扱われてきました。

ところがその後、いろいろな研究がすすみ、その結果きのこはカビ、酵母、地衣類などと一緒のグループであることがわかり、これらはまとめて「菌類」と呼ばれることになりました。さらには、きのこを含む菌類は、植物よりも動物に近い仲間であることがわかったのです。

きのこの仲間でつくる食べ物

きのこがカビと同じ仲間だと聞くと、少し不気味な感じがするかもしれません。でも、みなさんが毎日食べているしょうゆやみそはコウジカビというカビがいないとつくることはできません。パンは酵母という菌類がいないと膨らみません。ビールや日本酒、ワインなどのお酒をつくるにも、酵母などの菌類の働きが必要です。人間は長い歴史の中で、さまざまな菌類を利用して食べ物をつくってきたのです。ちょっと意外に思うかもしれませんが、納豆やヨーグルトをつくる時に必要な生き物は菌類ではなくてバクテリア（細菌類）なので、きのこの仲間ではありません。

毒きのこは怖い？

きのこが好きな人もそうでない人も、毒きのこ、という存在は知っていることでしょう。日本からも軽く100種を超える毒きのこが知られています。しかもその多くは山奥まで行かなくても、学校の校庭や公園、庭、道端など、とても身近な環境に生えるのです。

でも大丈夫。庭に猛毒きのこが生えても何の心配もありませんし、触っても問題ありません。ただしもし「カエンタケ」というきのこが生えてきたら、念のため触らないように気をつけたほうがよいでしょう。世界中にたくさんある毒きのこの中でも唯一、触ると皮膚がかぶれることがある毒きのこです。

もちろん、身近な環境にはおいしいきのこもたくさん生えます。でも、毒きのこと食用きのこを見わける簡単な方法はありません。さらには、毒か食用かがまったくわかっていないきのこの方がはるかに多い、ということは知っておく必要があるでしょう。

安全なきのこ

スーパーで売られているきのこは、栽培された、安全でおいしいものです。まずはそのような栽培きのこをたっぷり観察して、味を楽しんでみましょう。もし、野生のきのこがスーパーなどで売られていたら、それにも挑戦してみてください。同じ種類でも栽培と野生では味わいが異なる場合もあります。

著者プロフィール
保坂健太郎（ほさか・けんたろう）国立科学博物館 植物研究部 研究主幹。世界中を飛び回り、きのこの分布や進化について研究をすすめている。よく調査する場所は小笠原、沖縄、ニュージーランドなど。一番おいしいと思うきのこはショウゲンジ。

2022年（令和４年）　**11月8日号**

給食ニュース 一口メモ

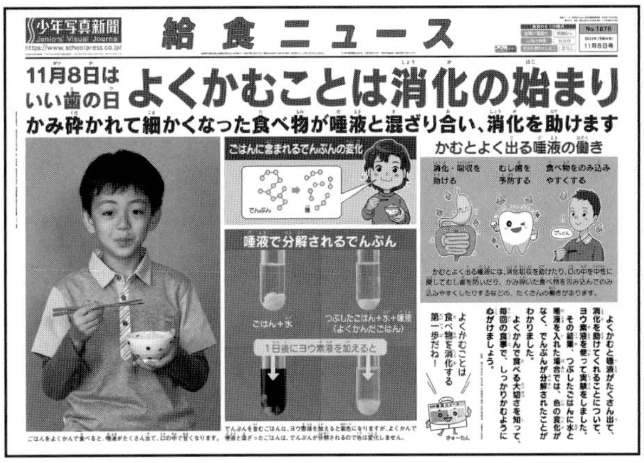
少年写真新聞 Juniors' Visual Journal https://www.schoolpress.co.jp/

給食ニュース

No.1876　2022年（令和4年）11月8日号

11月8日はいい歯の日

よくかむことは消化の始まり

かみ砕かれて細かくなった食べ物が唾液と混ざり合い、消化を助けます

ごはんに含まれるでんぷんの変化

でんぷん　糖

唾液で分解されるでんぷん

ごはん＋水　つぶしたごはん＋水＋唾液（よくかんだごはん）

1日後にヨウ素液を加えると

かむとよく出る唾液の働き

消化・吸収を助ける　むし歯を予防する　食べ物をのみ込みやすくする

ごっくん

かむとよく出る唾液には、消化吸収を助けたり、口の中を中性に戻してむし歯を防いだり、かみ砕いた食べ物を包み込んでのみ込みやすくしたりするなどの、たくさんの働きがあります。

よくかむと唾液がたくさん出て、消化を助けてくれることについて、ヨウ素液を使って実験をしました。その結果、つぶしたごはんに水と唾液を入れた場合では、色の変化がなく、でんぷんが分解されたことがわかりました。

よくかんで食べる大切さを知って、毎回の食事で、しっかりかむように心がけましょう。

よくかむことは食べ物を消化する第一歩だね！

きゅーたん

ごはんをよくかんで食べると、唾液がたくさん出て、口の中で甘くなります。

でんぷんを含むごはんは、ヨウ素液を加えると紫色になりますが、よくかんで唾液と混ざったごはんは、でんぷんが分解されるので色は変化しません。

よくかむことは消化《しょうか》の始《はじ》まり

よくかんで食《た》べることは、さまざまなよい効果《こうか》をもたらします。その一《ひと》つに「消化《しょうか》を助《たす》けること」があります。しっかりかむことで、食《た》べ物《もの》が細《こま》かく砕《くだ》かれて唾液《だえき》と混《ま》ざり合《あ》います。唾液《だえき》の中《なか》には、でんぷんを糖《とう》にかえる、アミラーゼという消化酵《しょうかこう》素《そ》が含《ふく》まれていて、消化《しょうか》を助《たす》けています。また、細《こま》かくなった食《た》べ物《もの》は、胃腸《いちょう》での消化《しょうか》がすすみ、栄養素《えいようそ》が体《からだ》に吸収《きゅうしゅう》されやすくなります。

ほかにも、唾液《だえき》には、むし歯《ば》を防《ふせ》いだり、かみ砕《くだ》いた食《た》べ物《もの》を包《つつ》み込《こ》んでのみ込《こ》みやすくしたり、味《あじ》がよくわかるようにしたりするなどの、たくさんの働《はたら》きがあります。

よくかんで食《た》べることの大切《たいせつ》さを知《し》って、毎日《まいにち》の食事《しょくじ》を、きちんとかんで食《た》べるように心《こころ》がけてください。

参考文献　『咀嚼の本-噛んで食べることの大切さ-』特定非営利活動法人 日本咀嚼学会編　一般財団法人 口腔保健協会刊ほか

2022年（令和４年）　11月18日号

給食ニュース　一口メモ

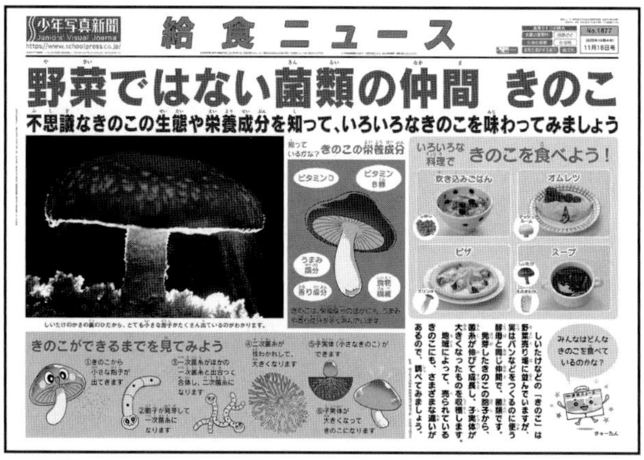
少年写真新聞
Junior Visual Journal
https://www.schoolpress.co.jp/
給食ニュース
No.1877
11月18日号

野菜ではない菌類の仲間　きのこ

不思議なきのこの生態や栄養成分を知って、いろいろなきのこを味わってみましょう

しいたけのかさの裏のひだから、とても小さな胞子がたくさん出ているのがわかります。

知っているかな？　きのこの栄養成分

ビタミンD
ビタミンB群
うまみ成分
香り成分
食物繊維

いろいろな料理で　きのこを食べよう！

炊き込みごはん
オムレツ
ピザ
スープ

きのこができるまでを見てみよう

①きのこから小さな胞子が出てきます
②胞子が発芽して一次菌糸になります
③一次菌糸がほかの一次菌糸と出合って合体し、二次菌糸になります
④二次菌糸が枝わかれして、大きくなります
⑤子実体（小さなきのこ）ができます
⑥子実体が大きくなってきのこになります

しいたけなどの「きのこ」は野菜売り場に並んでいますが、実はパンなどをつくるのに使う酵母と同じ仲間で、菌類です。発芽したきのこの胞子から、菌糸が伸びて成長し、子実体が大きくなったものを収穫します。地域によって、売られているきのこにも、さまざまな違いがあるので、調べてみましょう。

みんなはどんなきのこを食べているのかな？
きゅーたん

野菜《やさい》ではない！　不思議《ふしぎ》なきのこ

しいたけ、しめじ、えのきたけなどの「きのこ」は、野菜売《やさいう》り場《ば》に並《なら》んでいますが、野菜《やさい》ではありません。実《じつ》は、パンなどをつくる時《とき》に使《つか》う「酵母《こうぼ》」や、みそ・しょうゆなどをつくる時《とき》に使《つか》う「こうじ菌《きん》」などと同《おな》じ「菌類《きんるい》」です。そのため、種《たね》ではなく小《ちい》さな胞子《ほうし》が発芽《はつが》します。やがて、菌糸《きんし》となり、ほかの菌糸《きんし》と結合《けつごう》して成長《せいちょう》すると、子実体《しじつたい》（小《ちい》さなきのこ）となります。

現在《げんざい》、出回《でまわ》っているきのこは、菌《きん》を菌床《きんしょう》などに植《う》えつけて栽培《さいばい》されたものがほとんどで、1年中《ねんじゅう》食《た》べることができます。

きのこはビタミンB群《ぐん》やD、食物繊維《しょくもつせんい》などが豊富《ほうふ》で、うまみや香《かお》り成分《せいぶん》も多《おお》く含《ふく》んでいます。いろいろな料理《りょうり》で、きのこを味《あじ》わってみましょう。

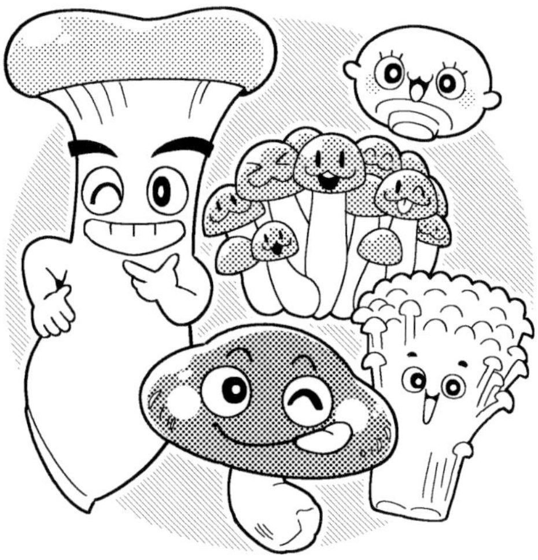

参考文献　『子供の科学★サイエンスブックス きのこの不思議 きのこの生態・進化・生きる環境』保坂健太郎著 誠文堂新光社刊ほか

2022年（令和４年） **11月28日号**

給食ニュース 一口メモ

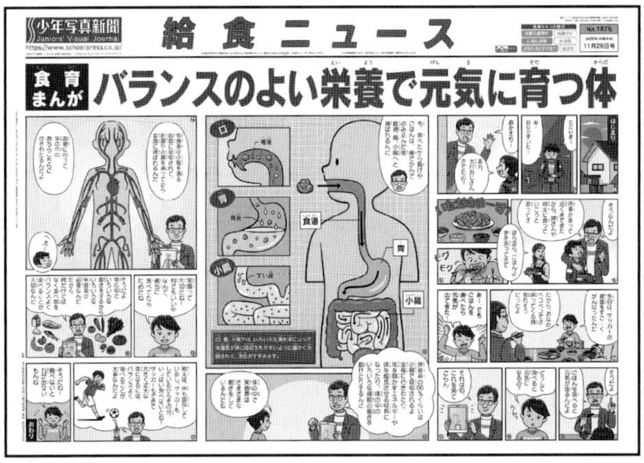
少年写真新聞
給食ニュース
食育まんが
バランスのよい栄養で元気に育つ体

バランスのよい栄養《えいよう》で元気《げんき》に育《そだ》つ体《からだ》

食《た》べ物《もの》には、いろいろな栄養素《えいようそ》が含《ふく》まれています。わたしたち人間《にんげん》が生《い》きていくためには、毎日《まいにち》食《た》べ物《もの》から栄養《えいよう》をとることが必要《ひつよう》です。

口《くち》に入《はい》った食《た》べ物《もの》は歯《は》でよくかんで細《こま》かくなり、唾液《だえき》と混《ま》ぜ合《あ》わされて消化《しょうか》しやすくなります。そして、食道《しょくどう》を通《とお》り、胃《い》では胃液《いえき》、小腸《しょうちょう》ではすい液《えき》などの消化液《しょうかえき》の働《はたら》きによって、体《からだ》に吸収《きゅうしゅう》されやすいように分解《ぶんかい》されます。その後《あと》は、小腸《しょうちょう》を通《とお》る血《けっ》管《かん》に栄養素《えいようそ》として吸収《きゅうしゅう》され、血液《けつえき》によって全身《ぜんしん》に運《はこ》ばれていきます。

体《からだ》を動《うご》かしたり、成長《せいちょう》したり、丈夫《じょうぶ》な体《からだ》をつくるためには、たくさんの栄養素《えいようそ》が必要《ひつよう》です。わたしたちは、いろいろな食《た》べ物《もの》を、バランスよく食《た》べることが大切《たいせつ》です。

参考文献　『ミクロワールド人体大図鑑 消化器 食べるしくみ』宮澤七郎 島田達生監修 小峰書店刊 『新しい理科6年』毛利衛 大島まり 他100名著 東京書籍刊ほか

少年写真新聞
Juniors' Visual Journal

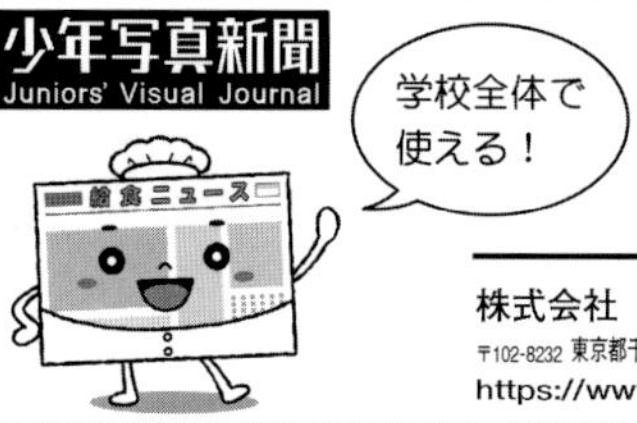

給食ニュース

2022年（令和４年）12月８日発行 第1879号付録

株式会社 少年写真新聞社
〒102-8232 東京都千代田区九段南4-7-16市ヶ谷KTビルI
https://www.schoolpress.co.jp/
★定期刊行物は終わる期間を予定しない刊行物です。年度が替わりましても、購読中止のお申し出がない場合、引き続きニュースをご送付申し上げます。

手洗いで冬の食中毒を予防しよう

東京都健康安全研究センター 微生物部 病原細菌研究科 森 功次

ノロウイルスと食中毒

近年の食中毒事例の傾向として、事例数では寄生虫のアニサキスが上位に入る年が見られるものの、患者数はウイルス性食中毒、中でも冬季がピークとなるノロウイルスが大きな割合を占めています。

ノロウイルスによる食中毒は生かきなど、二枚貝類の生食や加熱不足に起因すると考えられてきましたが、近年では調理従事者の関与が推定される事例の割合の方が高くなっています。そのような背景にあって、手洗いは食中毒の発生予防や感染症の拡大防止に、重要なポイントとなります。

手指衛生、中でも手洗いの大切さ

手指衛生を徹底することで、食品の調理の際や、共通で器具や施設を利用する際などの感染リスクを低下させることができます。

手指衛生の手法としては、手洗いのほかにアルコールベースの速乾性消毒剤（擦式消毒）も広く利用されています。擦式消毒には流し台がいらないなどの利点もありますが、逆に手洗いのような物理的にウイルスなどを除去する働きはありません。そのため、含まれている薬剤に効果がない、あるいは濃度が低い場合、手に生きたままウイルスが残る可能性があることを理解しておく必要があります。

したがって、子どもたちには、アルコール消毒が万全ではないことを伝える必要があります。

一方、手洗いはウイルスや細菌に効果的であることがわかっています。

手にノロウイルスとほぼ同じ大きさの代替ウイルスをつけて手洗いをした実験の結果※によれば、手に100万個のウイルスがついていたとした場合、手洗いをしなかった時と比較して、15秒の流水すすぎで約１万個に減ることがわかりました。また、ハンドソープで10または30秒もみ洗い後に15秒の流水すすぎで数百個、ハンドソープで10秒もみ洗い後に15秒の流水すすぎを２回くり返すことで数個に減少していました。このことから、手洗いの方法によってウイルスの除去効果も大きくかわることを示しています。

日常的に意識を

ノロウイルスは、感染していても症状の出ない不顕性感染が大きな問題となります。

胃腸炎症状がないことから、調理作業に従事したり、手洗いがおろそかだったりすると、食材や共用する施設を汚染する可能性があり、ほかの従事者がそこから汚染を広げるケースも想定されます。そのため、検査による不顕性感染者の探知のほか、日常的に手指衛生を意識することが、ノロウイルスの食中毒予防に大きな意味を持つのではないでしょうか。

※参考文献　森功次ほか「Norovirusの代替指標としてFeline Calicivirusを用いた手洗いによるウイルス除去効果の検討」『感染症学雑誌』80（5）：496-500，2006

著者プロフィール

森 功次（もり・こうじ）東京都健康安全研究センター微生物部病原細菌研究科。1993年に東京都の職員になり、都立衛生研究所（現 東京都健康安全研究センター）に勤務。現在に至る。

2022年（令和４年） 12月8日号

給食ニュース 一口メモ

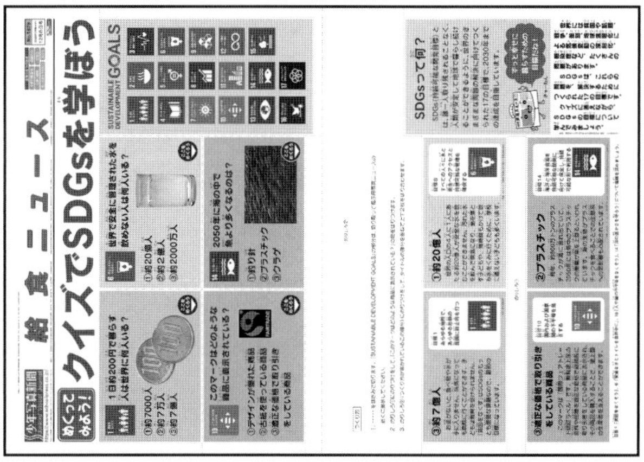
給食ニュース
クイズでSDGsを学ぼう
SDGsって何？

SDGsと食《しょく》

SDGs 目標《もくひょう》14「海《うみ》の豊《ゆた》かさを守《まも》ろう」

海《うみ》には、ビニール袋《ぶくろ》やペットボトルなどのプラスチックのごみが、たくさん流《なが》れ出《で》ていて、2050年《ねん》には海《うみ》の中《なか》の魚《さかな》の重量《じゅうりょう》を上回《うわまわ》るといわれています。プラスチックは海《うみ》を汚《よご》すだけではなく、海《うみ》の生《せい》物《ぶつ》が食《た》べることで、生態系《せいたいけい》への悪影響《あくえいきょう》も心配《しんぱい》され、食物連鎖《しょくもつれんさ》で有害物質《ゆうがいぶっしつ》の濃度《のうど》が高《たか》まった魚《さかな》を食《た》べた人間《にんげん》にも影響《えいきょう》が及《およ》ぶといわれています。ほかにも、海《うみ》をめぐる問題《もんだい》には「魚《さかな》のとり過《す》ぎ」があります。このままのペースで漁業《ぎょぎょう》を続《つづ》ければ、食《た》べられる魚《さかな》が減《へ》り続《つづ》けて、全滅《ぜんめつ》してしまうかもしれません。

SDGs目標《もくひょう》14では、プラスチックごみなどの海《うみ》のあらゆる汚染《おせん》を減《へ》らすことや、魚介類《ぎょかいるい》などの水産資源《すいさんしげん》をとり過《す》ぎずに、持続可能《じぞくかのう》な漁《ぎょ》業《ぎょう》のしくみをつくることを目指《めざ》しています。

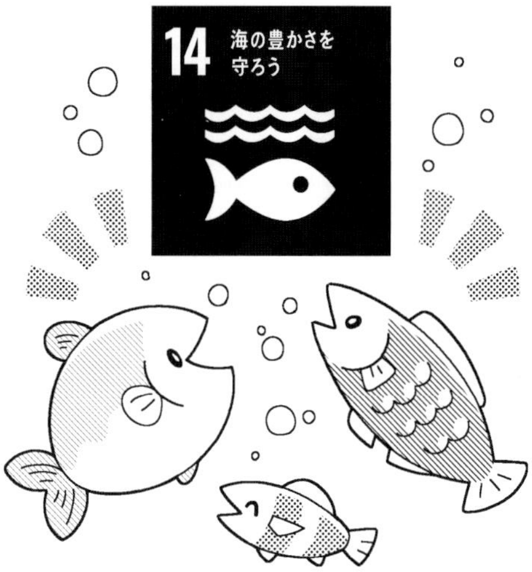

参考文献　『12歳までに身につけたいSDGsの超きほん』蟹江憲史監修 朝日新聞出版刊ほか

2022年（令和４年） **12月18日号**

給食ニュース 一口メモ

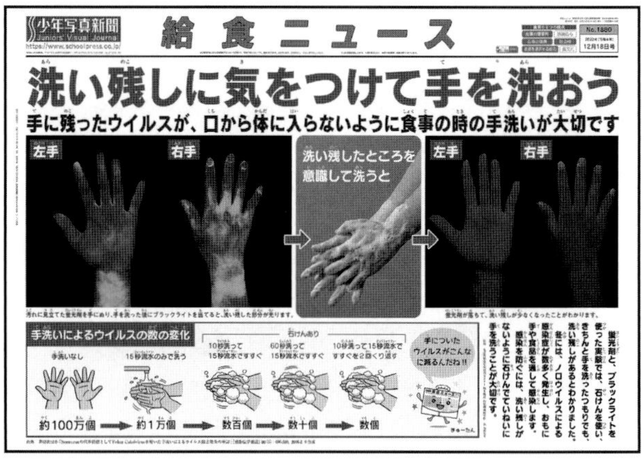

少年写真新聞 Juniors' Visual Journal https://www.schoolpress.co.jp/

給食ニュース

No.1880 12月18日号

洗《あら》い残《のこ》しに気《き》をつけて手《て》を洗《あら》おう

手に残ったウイルスが、口から体に入らないように食事の時の手洗いが大切です

左手 右手

洗い残したところを意識して洗うと

左手 右手

汚れに見立てた蛍光剤を手にぬり、手を洗った後にブラックライトを当てると、洗い残した部分が光ります。

蛍光剤が落ちて、洗い残しが少なくなったことがわかります。

手洗いによるウイルスの数の変化

手洗いなし → 15秒流水のみで洗う → 石けんあり：10秒洗って15秒流水ですすぐ → 60秒洗って15秒流水ですすぐ → 10秒洗って15秒流水ですすぐを2回くり返す

約100万個 → 約1万個 → 数百個 → 数十個 → 数個

手についたウイルスがこんなに減るんだね!!

きゅーたん

蛍光剤と、ブラックライトを使った実験では、石けんを使い、きちんと手を洗ったつもりでも、洗い残しがあるとわかりました。
冬には、ノロウイルスによる感染症が数多く発生し、おもに手や食品を通して感染します。感染を防ぐには、洗い残しがないように石けんでていねいに手を洗うことが大切です。

洗《あら》い残《のこ》しがないように手《て》を洗《あら》おう

冬《ふゆ》は、ノロウイルスによる感染症《かんせんしょう》やインフルエンザなどが多《おお》く発生《はっせい》します。手《て》洗《あら》いは、これらの感染症《かんせんしょう》を予防《よぼう》する有効《ゆうこう》な手段《しゅだん》です。

しかし、石《せっ》けんを使《つか》ってもしっかりと手《て》を洗《あら》わないとウイルスが残《のこ》り、手《て》を通《とお》して口《くち》から体《からだ》の中《なか》に入《はい》って、感染《かんせん》につながる場合《ばあい》があります。指先《ゆびさき》や爪《つめ》、手首《てくび》、指《ゆび》の間《あいだ》などは洗《あら》い残《のこ》しが多《おお》いので、石《せっ》けんを使《つか》ってていねいに手《て》を洗《あら》いましょう。

また、洗《あら》い方《かた》によって、手《て》に残《のこ》るウイルスの数《かず》はかわってきます。洗《あら》う前《まえ》の手《て》には約100万個《まんこ》のウイルスがついていますが、石《せっ》けんで10秒間《びょうかん》洗《あら》って15秒流水《びょうりゅうすい》ですすぐと数百個《すうひゃっこ》になります。同《おな》じことを2回《かい》くり返《かえ》した場合《ばあい》では、数個《すうこ》にまで減《へ》ることがわかっています。

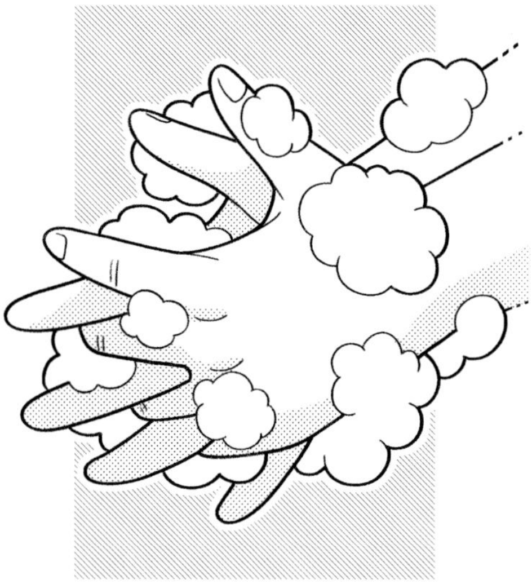

参考文献　『こども衛生学』宮崎美砂子監修 新星出版社刊　『新しい保健体育』戸田芳雄ほか37名著 東京書籍刊ほか

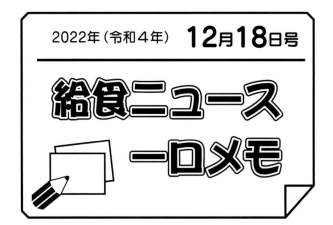

少年写真新聞
Juniors' Visual Journal

給食ニュース

2023年（令和５年）１月８日発行 第1881号付録
©少年写真新聞社2023年

株式会社 少年写真新聞社
〒102-8232 東京都千代田区九段南4-7-16市ヶ谷KTビルI
https://www.schoolpress.co.jp/

★定期刊行物は終わる期間を予定しない刊行物です。年度が替わりましても、購読中止のお申し出がない場合、引き続きニュースをご送付申し上げます。
※著作権法により、本紙の無断複写・転載は禁じられています。

1月24日～30日は全国学校給食週間です

文部科学省 初等中等教育局 健康教育・食育課 学校給食調査官　齊藤るみ

学校給食の目的と役割

学校給食は、成長期にある児童生徒の心身の健全な発達に資するものであり、かつ、児童生徒の食に関する正しい理解と適切な判断力を養う上で重要な役割を果たすものです。

日本の学校給食は、明治22年に山形県において始まったとされています。この給食は、貧困児を対象に無償で提供され、教育の中に給食を取り入れた先駆けとして記録されています。

昭和29年に学校給食法が制定され、学校給食の法的根拠が明確になりました。平成20年には学校給食法が大幅に改正され、従来からの目標である学校給食の普及充実に加えて、「学校における食育の推進」が新たに規定されました。そして、食育の観点を踏まえ、学校給食の教育的効果を引き出し、学校給食を通じて学校における食育を推進するという趣旨が明確になりました。日本の学校給食は、教育の一環として、学校における食育の中心的役割を担う重要な食事として位置づいていきました。

学校給食を活用した食に関する指導

学校給食は、栄養バランスのとれた豊かな食事を提供することにより、健康の増進、体位の向上を図ることに加え、食に関する指導を効果的に進めるための重要な教材として、給食の時間はもとより、各教科等において活用することができます。特に給食の時間では、準備から片づけまでの一連の活動の中で、正しい手洗い、配膳方法、食器の並べ方、はしの使い方、食事のマナーなどを体得することができます。また、献立を通して、食品の生産、流通、消費、食品の種類や特徴、栄養のバランスのとれた食事などについて学ぶことができます。さらに、学校給食に地場産物を活用したり、郷土食や行事食を提供したりすることを通じて、地域の文化や伝統に対する理解と関心を深めるなどの教育効果が期待できます。加えて、教科等における食に関する指導と連携し、給食を授業の導入場面としたり、給食の時間に献立を教材として振り返ったりするなど、給食の献立や食品などを教材として教科等で活用することができます。なお、年間約190回の給食の時間に、ゆとりをもって指導できる時間を確保し、計画的、継続的な指導を行うことで、多くの指導機会を確保することができ、極めて大きな教育効果を見込むことができます。

学校給食は、主食、主菜、副菜がそろったバランスのよい食事のモデルとなるものであり、家庭における日常の食生活や、児童生徒の日常または将来の食事づくりの指標ともなるものです。そのため、学校給食を通して、食品の組み合わせ方、料理の組み合わせ方、味つけや調理方法の工夫などを、日本における日常生活の食事のモデルとして家庭へ発信することも必要です。

著者プロフィール

齊藤るみ（さいとう・るみ）山形県初代栄養教諭。2006年4月から山形県教育委員会に勤務。2015年4月より文部科学省スポーツ・青少年局学校健康教育課（現初等中等教育局健康教育・食育課）学校給食調査官。

2023年（令和５年）　1月8日号

給食ニュース 一口メモ

少年写真新聞 Juniors' Visual Journal https://www.schoolpress.co.jp/

給食ニュース

No.1681 1月8日号

加熱《かねつ》すると、伸《の》びる、膨《ふく》らむ　もち

もち米を蒸した「おこわ」をつぶして、何度もつくことにより、もちになります

伸びる　もちは加熱するとやわらかくなり、引っ張ると長く伸びます。

膨らむ　もちは焼くと、中の水分が水蒸気になり、ぷくっと膨らみます。

もちは昔から日本人に欠かせない食べ物で、正月や鏡開きなどのある一月は、食べる機会も多くなります。もちは原料のもち米を蒸してから、熱いうちに何度もついてつくります。独特の粘りがあって、引っ張ると長く伸びるもちの特徴は、もち米に含まれている「でんぷんの成分」と、「よくつく」ことによって生まれます。

もちは、どんなふうに変化するのかな？
きゅーたん

もちができるまで

もちの原料は、ふだん食べている「うるち米」ではなく、「もち米」です。

もち米を洗って、一晩水につけておきます。ざるに入れて水を切ったら、もち米を蒸します。

蒸し上がったら、熱いうちに、米の粒をまんべんなくつぶします。その後に、こねながら何度もつきます。

もちがつきあがったら、丸く形をととのえたり、のしたりしてから切りわけます。

伸《の》びる秘密《ひみつ》は「でんぷん」と「よくつくこと」

もちは、ふだん食《た》べている米《こめ》（うるち米《まい》）ではなく、もち米《ごめ》を使《つか》ってつくります。米《こめ》ももち米《ごめ》もでんぷんを含《ふく》んでいますが、中《なか》に含《ふく》まれるでんぷんの種類《しゅるい》やその割合《わりあい》が違《ちが》います。このでんぷんは、水分《すいぶん》や熱《ねつ》によって変化《へんか》する性質《せいしつ》を持《も》っています。

もちをつくる時《とき》には、もち米《ごめ》を水《みず》に一晩《ひとばん》浸《ひた》します。そのもち米《ごめ》を蒸《む》して、熱《あつ》いうちに米《こめ》の粒《つぶ》をまんべんなく押《お》しつぶしていきます。つぶし終《お》えたら、こねながらつきます。つく時《とき》は同《おな》じところをつかないように、上下《じょうげ》を返《かえ》すようにこねながら何《なん》度《ど》もつきます。よくつくと、ほどよく水分《すいぶん》を含《ふく》み、気泡《きほう》を取《と》り込《こ》むので独特《どくとく》の粘《ねば》りやもちもち感《かん》が出《で》ます。

つきあがったもちは、丸《まる》めたり、のして切《き》りわけたりして、形《かたち》をととのえます。

参考文献　『クッカリーサイエンス004 お米とごはんの科学』日本調理科学会監修 貝沼やす子著 建帛社刊ほか

2023年（令和５年）　1月18日号

給食ニュース 一口メモ

少年写真新聞
Juniors' Visual Journal
https://www.schoolpress.co.jp/

給食ニュース

1月18日号

全国学校給食週間

給食《きゅうしょく》の材料《ざいりょう》をたどってみると

地域や旬の食材がたくさん使われていて、栄養のバランスがとれています

みかん

うんしゅうみかんは、自給率100%を超える果物です。

牛乳

牛乳は酪農家の人が乳牛を育て、乳をしぼってつくられます。

こまつな

こまつなは冬が旬で、カルシウムや鉄、ビタミンCが豊富です。

さわら

日本は海に囲まれているので、魚介類がたくさんとれます。

米

米は大昔からつくられていて、わたしたちの主食として欠かせません。

献立表をよく見てみよう！

きゅーたん

令和5年　1月　学校給食献立表

料理の名前がわかるよ

使われている食品が書かれているよ

体の中での働きが書いてあるよ

給食の献立には、地域でとれた産物や、旬の野菜、魚などのさまざまな食品が使われています。

献立は、栄養士の先生が、みなさんが元気に過ごせるように、栄養のバランスがよい内容を考えています。

給食でどのような食品が使われているのかを知り、料理を味わってみましょう。

全国《ぜんこく》学校《がっこう》給食週間《きゅうしょくしゅうかん》

給食《きゅうしょく》に使《つか》われている食品《しょくひん》を見《み》てみよう

毎日《まいにち》食《た》べている給食《きゅうしょく》には、地域《ちいき》の産物《さんぶつ》や、旬《しゅん》の野菜《やさい》・魚《さかな》など、さまざまな食品《しょくひん》が使《つか》われています。牛乳《ぎゅうにゅう》は、酪農家《らくのうか》の人《ひと》が牛《うし》を育《そだ》てて乳《ちち》をしぼり、米《こめ》や野菜《やさい》は、農家《のうか》の人《ひと》が田《た》んぼや畑《はたけ》で育《そだ》てて収穫《しゅうかく》します。また、日本《にほん》は海《うみ》に囲《かこ》まれているため、わたしたちはさまざまな魚介類《ぎょかいるい》を食《た》べることができます。給食《きゅうしょく》は、農業《のうぎょう》や漁業《ぎょぎょう》に携《たずさ》わる食《た》べ物《もの》を生産《せいさん》する人《ひと》や、加工《かこう》したり運《はこ》んだり調理《ちょうり》したりする人《ひと》がいて、わたしたちの元《もと》に届《とど》きます。

栄養士《えいようし》の先生《せんせい》は、これらの豊《ゆた》かな食材《しょくざい》を使《つか》い、みなさんの健康《けんこう》と成長《せいちょう》を考《かんが》えて、栄養《えいよう》のバランスがよい献立《こんだて》を立《た》てています。

給食《きゅうしょく》を食《た》べたり献立表《こんだてひょう》を見《み》たりして、どのような食品《しょくひん》が使《つか》われているのかを知《し》り、料理《りょうり》を味《あじ》わいましょう。

参考文献　文部科学省HP　農林水産省HPほか

2023年（令和５年）　1月28日号

給食ニュース 一口メモ

少年写真新聞 Juniors' Visual Journal https://www.schoolpress.co.jp/
給食ニュース
1月28日号

全国学校給食週間
給食の移りかわりを見てみよう
学校給食はいろいろな時代の子どもたちの健康や成長を支えてきました

日本で最初といわれる給食 明治22年（1889年）
山形県の私立忠愛小学校で貧しい家庭の子どもたちに昼食を提供したのが、学校給食の始まりといわれています。

栄養改善のための給食 大正12年（1923年）
学校給食は、子どもたちの栄養改善のための方法として国から奨励され、全国に広がっていきました。

戦後に再開した給食 昭和22年（1947年）
・トマトシチュー
・ミルク（脱脂粉乳）
戦後、食料難で栄養不足の子どもたちのために、アメリカのアジア救済公認団体からの援助で給食が再開されます。

牛乳が登場した頃の給食 昭和38年（1963年）
・コッペパン
・マカロニサラダ
・マーガリン

ごはんが登場した頃の給食 昭和52年（1977年）
・カレーライス
・バナナ
・スープ
昭和51年には米飯給食が始まり、主食はパンだけではなく、ごはんも出されるようになりました。

現在の給食 令和５年（2023年）
現在、わたしたちが食べている給食は、バランスのよい食事の手本として「生きた教材」の役割を担っています。

1月24日から30日は
全国学校給食週間
学校給食は戦争により一時中断しましたが、アメリカのLARA（アジア救済公認団体）からの物資援助を受けて再開することができました。この物資の贈呈式が昭和21年12月24日に行われたことを記念して、「学校給食感謝の日」が定められました。その後、1月24日から30日の1週間が「全国学校給食週間」と定められ、全国各地でさまざまな行事が行われています。
きゅーたん

最初の学校給食は、子どもの空腹を満たす食事でした。
その後全国に広がっていった給食は、時代ごとにさまざまな変化をしていきました。
現在の給食は食事のマナーや栄養のバランスのとれた食事、食品の種類や特徴などを学べる「生きた教材」として、重要な役割を果たしています。

全《ぜん》国《こく》学《がっ》校《こう》給《きゅう》食《しょく》週《しゅう》間《かん》

日本《にほん》の学《がっ》校《こう》給《きゅう》食《しょく》の移《うつ》りかわり

学《がっ》校《こう》給《きゅう》食《しょく》は、明《めい》治《じ》22年《ねん》（1889年《ねん》）、山《やま》形《がた》県《けん》の私《し》立《りつ》忠《ちゅう》愛《あい》小《しょう》学《がっ》校《こう》で、貧《まず》しい子《こ》どもたちにおにぎりと塩《しお》さけ、菜《な》の漬《つけ》物《もの》の昼《ちゅう》食《しょく》を提《てい》供《きょう》したことが始《はじ》まりといわれています。

その後《ご》、給《きゅう》食《しょく》は子《こ》どもの栄《えい》養《よう》改《かい》善《ぜん》のための方《ほう》法《ほう》として国《くに》から奨《しょう》励《れい》されて、全《ぜん》国《こく》に広《ひろ》がっていきましたが、戦《せん》争《そう》による食《しょく》料《りょう》不《ふ》足《そく》で中《ちゅう》止《し》されます。

そして、戦《せん》争《そう》が終《お》わると、食《しょく》料《りょう》難《なん》で栄《えい》養《よう》不《ふ》足《そく》の子《こ》どもたちのために、アメリカのLARA（アジア救《きゅう》済《さい》公《こう》認《にん》団《だん》体《たい》）からの援《えん》助《じょ》を受《う》けて再《さい》開《かい》しました。

現《げん》在《ざい》の給《きゅう》食《しょく》は、マナー、栄《えい》養《よう》のバランスがとれた食《しょく》事《じ》、食《しょく》品《ひん》の種《しゅ》類《るい》や栄《えい》養《よう》素《そ》の働《はたら》き、旬《しゅん》の食《しょく》材《ざい》、行《ぎょう》事《じ》食《しょく》や郷《きょう》土《ど》料《りょう》理《り》などを学《まな》ぶことができる「生《い》きた教《きょう》材《ざい》」として、重《じゅう》要《よう》な役《やく》割《わり》を担《にな》っています。

参考文献　文部科学省HPほか

少年写真新聞
Juniors' Visual Journal

給食ニュース

2023年（令和５年）２月８日発行 第1884号付録

株式会社 少年写真新聞社
〒102-8232 東京都千代田区九段南4-7-16市ヶ谷KTビルI
https://www.schoolpress.co.jp/
★定期刊行物は終わる期間を予定しない刊行物です。年度が替わりましても、購読中止のお申し出がない場合、引き続きニュースをご送付申し上げます。

子どもたちには「食べる力」を身につけてほしい

埼玉西武ライオンズの管理栄養士、虎石真弥さんに選手寮の食堂の食事や栄養サポートのようす、子どもたちに伝えたいことについてお聞きしました。

Q. 若獅子寮（埼玉西武ライオンズの新人や若手の寮）が新しくなった時に、食堂で工夫したことは何ですか？

旧若獅子寮の時は、調理担当者が日がわりで料理をつくっていました。もちろん当時も品数は多かったのですが、食事の自由度が高く、選手が好きなものを選ぶので、食べるもの、食べないものの偏りが多くありました。

新しい寮の食堂では、まず選手の身体組成を計測し、野球競技の運動量を加味して、朝・昼・夕の必要な食事の構成を行うなど、基本的なことから始めました。また、朝食は、これまでのバイキング形式から定食形式に変更しました。提供スタイルをかえて、朝は１日の始まりで「こういうものをこのくらいの量を食べなければいけない」というトレーニングの場にしていきました。今までバイキングで好きなものを食べていた選手は、定食を見て「こんなに食べなきゃいけないんだ」と、衝撃は大きかったと思いますよ（笑）。でも、食べるトレーニングによって、「食べる力」もできてくるんです。だから、最初は残食が多かった選手も、寮を出る頃には「ちゃんと食べなきゃいけないんだ」、「食べることがスタートラインなんだ」と気づくことが多いですね。

Q. 栄養サポートをする中で、選手がかわってきたことはありますか？

ある選手は、「今シーズン、絶対残さないように食べることにチャレンジします！」といっていました。食べないと思うように動けない、勝てないということを実感するのでしょうね。最初のきっかけはつくりますが、最後は選手自身がどう考えていくのかが大切だと思っています。栄養サポートをしていく中で、選手自身が考えるようになっていく変化を見るのがうれしいですね。

Q. 子どもたちに伝えたいメッセージをお願いします

クラブやジュニアチームなどに所属している人は、自分のチームの状況やスケジュールの中で、自分自身の生活リズムを考えながら、朝・昼・夕の食事とそれ以外のところで、どのように栄養を摂取していくのかを「自分で考える」ことが大切ですね。早いうちから「食べるトレーニング」に取り組んでほしいと思います。

また、食べられないからといって、安易にサプリメントで補うことは避けてほしいです。スポーツ選手も結果で落ち込んで食べられなくなることもありますが、１軍で長く活躍している選手たちは、どんな状況に置かれても食欲は落ちないんです。それは、ちゃんと毎日、ルーティンで「しっかり食べること（食べる力）」ができているからなんですね。そういう選手は、子どもの頃からいろんなものを食べて、食事で体をつくってきたという人が多いんです。

子どもたちには、今のうちから「食べる力」を身につけてほしいですね。

プロフィール

虎石真弥（とらいし・まみ）帝京大学スポーツ医科学センター助教。栄養学修士。聖マリアンナ医科大学スポーツ医学講座研究員。これまでショートトラック日本代表をはじめ、さまざまな競技で栄養サポートを行う。2019年より埼玉西武ライオンズを担当する。

2023年（令和５年） **2月8日号**

給食ニュース 一口メモ

少年写真新聞 Juniors' Visual Journal https://www.schoolpress.co.jp/

給食ニュース

No.1884 2月8日号

菓子《かし》に含《ふく》まれる脂質《ししつ》の量《りょう》を知《し》ろう!

身近な菓子の中から栄養成分表示を確認して、脂質の多いものを集めてみました

チーズスナック（1袋62g） 29.0g

ミルクチョコレート（1枚50g） 18.4g

シュークリーム（1個約115g） 23.0g

ドーナッツ（1個約70g） 30.7g

ポテトチップス（1袋60g） 21.6g

カップアイス（1個200mL） 23.4g

脂質の量は栄養成分表示を見よう

(例) チーズスナック

栄養成分表示 1袋(62g)当たり	
エネルギー	381kcal
たんぱく質	2.8g
脂質	29.0g
炭水化物	27.5g
一糖質	26.7g
一食物繊維	0.8g
食塩相当量	0.9g

（この表示例は目安です）

栄養成分表示は、その食品に含まれるエネルギーや栄養素の量が書かれています。

菓子の袋にある栄養成分表示で、脂質の量を調べてみました。

その結果、油で揚げてあるものや、クリームなどを使った菓子に、多く含まれていることがわかりました。

脂質をとり過ぎると生活習慣病になるおそれがあるので、表示をよく見て菓子を選ぶことが大切です。

菓子《かし》に含《ふく》まれる脂質《ししつ》の量《りょう》を知《し》ろう！

身近《みぢか》にある菓子《かし》に、どのくらい脂質《ししつ》が入《はい》っているのかを調《しら》べてみました。菓子《かし》に含《ふく》まれる脂質《ししつ》の量《りょう》は、栄養成分表示《えいようせいぶんひょうじ》で知《し》ることができます。

ポテトチップス１袋《ふくろ》60ｇには21.6ｇ、ドーナッツ１個《こ》には30.7ｇの脂質《ししつ》が含《ふく》まれていることがわかりました。ほかにもシュークリームやアイスクリームなどにも脂質《ししつ》が多《おお》く含《ふく》まれています。

脂質《ししつ》は、わたしたちにとって大切《たいせつ》な栄養素《えいようそ》ですが、とり過《す》ぎると、肥満《ひまん》だけではなく、脂質異常症《ししついじょうしょう》などの生活習慣病《せいかつしゅうかんびょう》になるおそれがあります。

脂質《ししつ》をとり過《す》ぎないようにするために、栄養成分表《えいようせいぶんひょう》示《じ》で脂質量《ししつりょう》を見《み》て、菓子《かし》を選《えら》ぶようにしましょう。また、袋入《ふくろい》りの菓子《かし》などは、量《りょう》を決《き》めて食《た》べ過《す》ぎないようにすることも大切《たいせつ》です。

参考文献 『たのしい保健5･6年』大津一義ほか14名著 大日本図書刊 『中学保健体育』森昭三 佐伯年詩雄ほか32名著 学研教育みらい刊ほか

2023年（令和５年）　**2月18日号**

給食ニュース 一口メモ

少年写真新聞
Juniors' Visual Journal
https://www.schoolpress.co.jp/

給食ニュース

No.1885
2月18日号

スポーツと食 「食《た》べる力《ちから》」を身《み》につけてほしい

埼玉西武《さいたませいぶ》ライオンズの管理栄養士《かんりえいようし》 虎石真弥《とらいしまみ》さんに選手《せんしゅ》の食事《しょくじ》についてお聞きしました

栄養バランスのよい食事をしっかりとる

朝食　夕食

朝食と夕食は主食・主菜・副菜がそろった食事をしっかりとり、プロ野球選手に必要な量と内容を学びます。

昼食にはサラダバーがあり、選手自身の体調に合わせて、自分で選びます。

体づくりに役立つ栄養の知識を学ぶ

選手は栄養の話が書かれた掲示物を読み、食事の参考にします。

補食も大事

練習の合間に必要な補食（三食以外の食事）を選びます。

よいコンディションで試合に臨むための食環境を考える

新型コロナウイルス感染症予防のために、席の配置を工夫しました。

プロ野球の選手も食が大切なんだね！

きゅーたん

Q. 栄養サポートをする中で、選手はかわりましたか？

サポートをしていくうちに、食に興味を持ってくれることが増えました。

ある選手は、「今シーズン、絶対残さないように食べることにチャレンジします！」といっていました。食べないと思うように動けない、勝てないということを実感するのでしょうね。

管理栄養士
虎石真弥さん

Q. 子どもたちに伝えたいメッセージをお願いします

１軍で長く活躍している選手は、どんな状況に置かれても食欲は落ちないんです。それは、「しっかり食べること（食べる力）」ができているからなんですね。

子どもたちには、今のうちから「食べる力」を身につけてほしいですね。

埼玉西武ライオンズでは、四年前から管理栄養士が、献立作成や選手の栄養面のサポートをしています。

これにより選手はどんな食事をどのくらい食べればよいのかを、自分で考えて実践する人が増えました。

プロの世界でも、食事を大切にする選手ほど、長く活躍しているそうです。

子どもの頃から食べることが大好きだった山川穂高選手は、いつも食事を残さず食べて、ばてない強い体をつくったそうです。

スポーツと食《しょく》

「食《た》べる力《ちから》」を身《み》につけてほしい

埼玉西武《さいたませいぶ》ライオンズで、選手《せんしゅ》の食事《しょくじ》の献立《こんだて》作成《さくせい》や栄養面《えいようめん》のサポートをしている管理栄養士《かんりえいようし》の虎石《とらいし》真弥《まみ》さんにお話《はなし》を伺《うかが》いました。

プロの世界《せかい》で活躍《かつやく》している選手《せんしゅ》は、子《こ》どもの頃《ころ》からいろいろなものを食《た》べて、食事《しょくじ》で体《からだ》をつくってきた人《ひと》が多《おお》いそうです。また、スポーツ選手《せんしゅ》でも結果《けっか》で落《お》ち込《こ》んで食《た》べられなくなることもありますが、１軍《ぐん》で長《なが》く活躍《かつやく》している選手《せんしゅ》たちは、どんな状況《じょうきょう》に置《お》かれても食欲《しょくよく》は落《お》ちないといいます。それは、毎日《まいにち》、「しっかり食《た》べること（食《た》べる力《ちから》）」ができているからです。

虎石《とらいし》さんは、子《こ》どもたちには「今《いま》から『食《た》べる力《ちから》』を身《み》につけてほしい」といっていました。食事《しょくじ》を大切《たいせつ》にすることは、プロの世界《せかい》でも重要《じゅうよう》だとわかりました。

取材協力　埼玉西武ライオンズ

2023年（令和５年） 2月28日号

給食ニュース 一口メモ

少年写真新聞
Juniors' Visual Journal
https://www.schoolpress.co.jp/
給食ニュース
No.1886
2月28日号
食育まんが フェイクニュース その情報《じょうほう》は本当《ほんとう》？
か 書いた人はだれですか？
ち 違う情報とくらべましたか？
も 元ネタ（根拠）は何ですか？
な 何のために書かれたものですか？
い いつの情報ですか？
フェイクニュースとは
うそや偽物の情報が含まれ、おもにSNSなどのインターネット上で広まるニュースのこと。

あふれる情報《じょうほう》を見《み》わけるためには？

インターネット上《じょう》には、いろいろな情報《じょうほう》があふれていて、正《ただ》しい情報《じょうほう》もあれば、うそや間違《まちが》った情報《じょうほう》なども含《ふく》まれています。間違《まちが》った情報《じょうほう》の中《なか》には「３日《か》でやせる！〇〇食《た》べダイエット」などといった食《しょく》に関《かん》するものも多《おお》く見《み》られます。間違《まちが》った情報《じょうほう》をうのみにして信《しん》じたり、SNSでその情報《じょうほう》を広《ひろ》めたりしないことが大切《たいせつ》です。

うその情報《じょうほう》にだまされないためには、その情報《じょうほう》について「か＝書《か》いた人《ひと》はだれか？」「ち＝違《ちが》う情報《じょうほう》とくらべたか？」「も＝元《もと》ネタ（根拠《こんきょ》）は何《なに》か？」「な＝何《なん》のために書《か》かれたか？」「い＝いつの情報《じょうほう》か？」の5つを確認《かくにん》し、正《ただ》しいかどうかを見極《みきわ》めます。「か・ち・も・な・い」の合《あ》い言葉《ことば》で、覚《おぼ》えておきましょう。

参考文献　聖路加国際大学 ヘルスリテラシー学習拠点プログラム　健康を決める力（https://www.healthliteracy.jp/）

少年写真新聞
Juniors' Visual Journal

給食ニュース

2023年（令和５年）３月８日発行 第1887号付録

株式会社 少年写真新聞社
〒102-8232 東京都千代田区九段南4-7-16市ヶ谷KTビルI
https://www.schoolpress.co.jp/
★定期刊行物は終わる期間を予定しない刊行物です。年度が替わりましても、購読中止のお申し出がない場合、引き続きニュースをご送付申し上げます。

「自助」に必要な「コト」を子どもたちと一緒に考える

名古屋工業大学大学院 工学研究科 社会工学専攻 防災安全部門長 教授　渡辺研司

大規模な地震や風水害の発生時には、電気・ガス・水道といったライフラインに加えて、通信・道路・鉄道・金融・物流・病院・行政機能など、わたしたちの生活や経済を支える社会インフラが途絶します。被害状況によっては復旧・復興が長期化することは、これまでの災害で既に認識されています。

現代の社会は、人・モノ・金・情報を、サプライチェーンなどの物理的な、あるいはインターネットなどの電子的なネットワークを介して、時空を超えて高速かつ大量にやりとりすることで進化してきました。しかし、この仕組みに依存しているということは、それが途絶した瞬間に、隣近所の互いの素性も、地域内にどのような商品やサービスがあるのかも知らずに孤立状態に陥る人々が、各地域に大量に同時発生することを意味しています。

大規模な広域災害時には、自助もままならず、共助も限定的、公助を行うにしても、ばらばらとなった人々の安否確認や救援・保護、生活の復旧・復興支援を行うことが困難な状況に陥ります。特に食料に関して、家庭内備蓄を十分にしていない場合、24時間365日、食を支えてくれていたサプライチェーンの途絶により、政府や自治体からの緊急支援物資に頼るしか選択肢がなくなってしまいます。

そこで政府や自治体は家庭内備蓄を推奨していますが、公表されている備蓄リストにある物品を備蓄するだけでは不十分です。実際の災害発生時にはどのようなことが起こり、備蓄した物品をどのような状況で何のために利用するのかを想像しながら、備蓄の内容や量、使い方、さらに追加で必要な道具などを事前に確認し、訓練などを通じて実際に使えるようにしておくことが必要です。つまり、「モノ」の備蓄だけでは災害時に役に立たない可能性が高いため、重要なのはむしろ「コト」であることを認識する必要があります。

学校が位置する地域の特性（想定される災害の種類や地形など）や各家庭の状況などによって、必要な「モノ」や「コト」はさまざまです。また災害が発生する時間帯や曜日、季節や天候によっても異なるため、ひとつの「正解」があるわけではありません。さらに、おとながこれまでの災害で経験してきた知見の延長線上では、カバーしきれない状況も、これから多々発生する可能性があります。

そこで、学校で備えること、そしてそれぞれの家庭で備えることを、子どもたち自らが考え、おとなたちに提案できるような指導をしていただくことが重要になります。若い世代は、先生方の世代より知識・経験は劣りますが、想像力や妄想力は優れているはずです。

これからの想定外の大規模災害に備えるためには、子どもたちの力も借りながら、想像力・妄想力を駆使して、「モノ」だけではなく「コト」に対する備えを推進することが肝要です。このような「自助」の積み上げこそが学校や子どもとその家族を守り、最終的には、地域全体を守ることにもつながります。

著者プロフィール

渡辺研司（わたなべ・けんじ）名古屋工業大学大学院社会工学専攻教授、リスクマネジメントセンター防災安全部門長（兼務）。農林水産省食料安全保障アドバイザリーボードメンバー、国土交通省運輸審議会運輸安全確保部会専門委員、防災科学技術研究所客員研究員、人と防災未来センター上級研究員等を兼務。

2023年（令和５年） **3月8日号**

給食ニュース 一口メモ

少年写真新聞 Juniors' Visual Journal
https://www.schoolpress.co.jp/

給食ニュース

No.1887 3月8日号

SDGsと食 食事づくりを分担しよう！

家族でどのような仕事があるのかを話し合い、できることから協力していこう

女性の家事の時間は男性の４倍

図 男女別家事関連時間の推移（2001年～2021年）

	2001	2006	2011	2016	2021（年）
女	214	215	215	208	204
男	31	38	42	44	51

2016年と2021年をくらべると、男性は７分増加し、女性は４分減少しています。しかし、男女の家事時間の差はまだまだ大きく開いています。

女性の方が約４倍の時間、家事をしているね！

きゅーたん

SUSTAINABLE DEVELOPMENT GOALS

SDGsとは、Sustainable Development Goalsを略したもので、持続可能な開発目標のことです。世界をかえるために、2030年までにすべての国の人が、自主的に取り組んでいくための17の目標が設定されています。

目標５ ジェンダー平等を達成し、すべての女性と女児のエンパワーメントを図る

日本では買い物や調理、後片づけなど、家庭内の仕事（家事）の多くを、女性が行っていることがグラフからわかります。

この問題を解決するには、家庭の中で話し合いを持ち、特定の人だけに負担が偏らないように仕事の分担をするなど、できることから実践することが大切です。

ＳＤＧｓの目標５を達成するために、できることを増やしていきましょう。

食事づくりの時には、どんな仕事があるのかな？

★献立を考える
★冷蔵庫の中など、家にある食材を確認する
★足りないものを買う
★料理をつくる
★テーブルを拭いて配膳する
★食べ終わったら食器を下げる
★残った料理を冷蔵庫にしまう
★使った食器を洗う
★食器を拭いて片づける

できる仕事を家族で分担しよう

SDGsと食《しょく》

家庭《かてい》の仕事《しごと》をみんなで分担《ぶんたん》しよう

家庭《かてい》の仕事《しごと》（家事《かじ》）時間《じかん》の平均《へいきん》を男女別《だんじょべつ》に調《しら》べた調査《ちょうさ》（2021年《ねん》）では、女性《じょせい》が行《おこな》う家事時間《かじじかん》は１日《にち》204分《ぷん》、男性《だんせい》は51分《ぷん》という結果《けっか》でした。女性《じょせい》の方《ほう》が男性《だんせい》よりも４倍《ばい》の時間《じかん》、長《なが》く家事《かじ》をしていることがわかりました。

世界各国《せかいかっこく》の男女格差《だんじょかくさ》をはかるジェンダー・ギャップ指数《しすう》を見《み》ると、日本《にほん》は146か国中《こくちゅう》116位《い》で、先進国《せんしんこく》の中《なか》でも最低《さいてい》レベルです。

SDGsの目標《もくひょう》５「ジェンダー平等《びょうどう》を実現《じつげん》しよう」の達成《たっせい》のために、まずは身近《みぢか》な家事《かじ》について、家族《かぞく》全員《ぜんいん》でよく話《はな》し合《あ》い、家事《かじ》の負担《ふたん》がだれか一人《ひとり》に偏《かたよ》らないようにしていきましょう。そして、自分《じぶん》にできそうな仕事《しごと》を分担《ぶんたん》して、できることを少《すこ》しずつ増《ふ》やしていくようにします。

出典：総務省統計局 「令和3年 社会生活基本調査」 WEF「The Global Gender Gap Report2022」
参考文献 『わたしたちの家庭科５・６』鳴海多恵子 石井克枝 堀内かおるほか著 開隆堂出版刊ほか

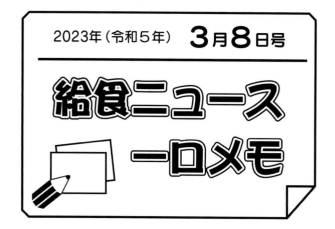

2023年（令和５年） **3月18日号**

給食ニュース 一口メモ

少年写真新聞
Juniors' Visual Journal
https://www.schoolpress.co.jp/
給食ニュース
3月18日号

人生の節目を祝って食べる行事食

成長して人生の節目を無事に迎えられたことに感謝し特別な食事で祝います

お食い初め 生後100日頃
一生食べ物に困らないように願い、赤ちゃんに食べさせるまねをします。はし初め、百日ともいいます。

初節句 女の子は3月3日 上巳の節句 男の子は5月5日 端午の節句
生まれて初めての節句です。上巳の節句はひしもちやうしお汁などで、端午の節句はちまきや柏もちなどで、成長を祝います。

初誕生 1歳の誕生日
一生食べ物に困らないように、一升（約2kg）のもちを子どもに背負わせたり踏ませたりします。

七五三 男の子は3歳・5歳 女の子は3歳・7歳
子どもの成長を願って11月15日に行われます。千歳あめは江戸時代に始まったといわれます。

教えて！きゅーたん 通過儀礼の話

「初誕生」は誕生日と違うの？
昔、日本では元日に歳をとる数え年が一般的で、生まれた日に祝う習慣はなかったんだ。でも一年目の誕生日だけは「初誕生」として無事な成長を祝ったんだよ。

なぜ七五三は年齢が決まっているの？
七五三は「髪置」、「袴着」、「帯解」という儀式に由来するといわれているよ。髪置は3歳になった子どもが髪を伸ばし始める儀式、袴着は5歳になった男の子が初めて袴をつける儀式、帯解は7歳になった女の子が着物についているひもを取って帯を締める儀式だったんだ。

人の誕生から成人するまでには、お食い初め、初節句、七五三などの節目があります。これを通過儀礼といい、子どもの健やかな成長に感謝しこれからの幸せを願って行われます。これらの行事には家族や親族が集まり、行事食を食べて祝います。

祝いごとに欠かせない赤飯
日本では祝いごとには赤飯を食べます。これは、小豆の赤い色は魔よけになると考えられていたり、おめでたい色とされていたりしたからです。このほかに、古代に食べていた赤米に似せるためなどの説があります。

人生《じんせい》の節目《ふしめ》を祝《いわ》って食《た》べる行事食《ぎょうじしょく》

生《う》まれてから成人《せいじん》するまでの間《あいだ》には、お宮参《みやまい》りやお食《く》い初《ぞ》め、七五三《しちごさん》などの節目《ふしめ》があり、これを通過儀礼《つうかぎれい》といいます。これらの節目《ふしめ》には家族《かぞく》や親戚《しんせき》が集《あつ》まり、赤飯《せきはん》や行事食《ぎょうじしょく》などを食《た》べて祝《いわ》います。

生後《せいご》100日目《にちめ》に行《おこな》う「お食《く》い初《ぞ》め」は、子《こ》どもが一生《いっしょう》食《た》べ物《もの》に困《こま》らないよう願《ねが》い、赤《あか》ちゃんに料理《りょうり》を食《た》べさせるまねをします。「はし初《ぞ》め」「百日《ももか》」などともいいます。食事《しょくじ》には丈夫《じょうぶ》な歯《は》が生《は》えるようにと願《ねが》いを込《こ》めて、歯固《はがた》めの石《いし》と呼《よ》ばれる小石《こいし》が添《そ》えられることもあります。

このように、人生《じんせい》の節目《ふしめ》を祝《いわ》って食《た》べる行事食《ぎょうじしょく》には、生《う》まれた子《こ》どもが無事《ぶじ》に育《そだ》って、節目《ふしめ》を迎《むか》えられたことへの感謝《かんしゃ》と、これからの健《すこ》やかな成長《せいちょう》への願《ねが》いが込《こ》められています。

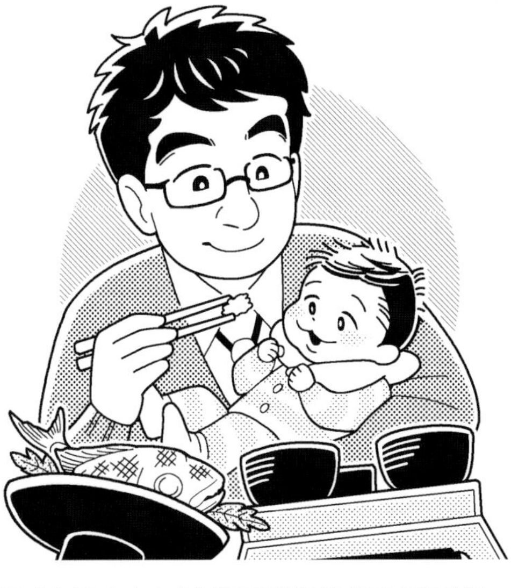

参考文献　『日本の「行事」と「食」としきたり』新谷尚紀監修 青春出版社刊

©少年写真新聞社2022 給食ニュース No.1858付録 2022年4月18日発行

給食だより 5月

新年度が始まり1か月が過ぎました。新しい環境には慣れてきましたか。生活リズムをくずさず、元気に過ごすために、休みの日にも早起き、早寝、朝ごはんを心がけましょう。また、丈夫な骨をつくる牛乳や乳製品も毎日とるようにしてください。

牛乳や乳製品を毎日とろう！

牛乳や乳製品には骨や歯の材料になるカルシウムや、体をつくるたんぱく質などが含まれています。

特にカルシウムは、たんぱく質と共に成長期の体に大切な栄養素です。カルシウムの摂取量が多ければ骨に蓄積されますが、摂取量が少ないと骨に蓄えていたカルシウムが血液に出ていき、その状態が長く続くと、骨がすかすかになっていってしまいます。

牛乳や乳製品は、体内でのカルシウムの吸収率が高いといわれています。丈夫な骨づくりのために、給食に出る牛乳を残さずに飲み、休みの日も牛乳や乳製品をしっかりとるようにしましょう。

カルシウムが多く必要な10代

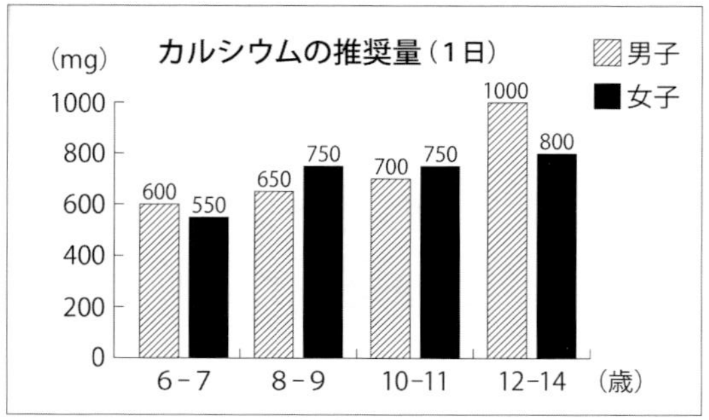

※厚生労働省「日本人の食事摂取基準（2020年版）」より作成

体が大きく成長する10代の時期は、骨をつくるためにカルシウムがたくさん必要になります。しっかりとカルシウムをとることで丈夫な骨がつくられ、おとなになってからの骨折や、骨粗しょう症を防ぐことができます。

命にかかわることもある食物アレルギー

食物アレルギーは、本来は害のない食品（牛乳・卵・小麦・そばなど）に対して、体を守る働きの「免疫」が反応して、体がかゆくなる、せきが出て息が苦しくなる、体調をくずす、などの症状が出ることをいいます。食品に触れただけで症状が出ることもあり、重い時は命にかかわることもあります。

食物アレルギーがあるお友だちの具合が悪くなった時は、先生や周りの人に知らせましょう。

SDGs ～未来のために今できることを考えよう～

SDGsとは「持続可能な開発目標」のことです。よりよい世界をつくるために、2030年までにすべての国の人が自主的に取り組んでいくための17の目標が国際連合で採択され、「誰一人取り残さない（leave no one behind）」ことが理念となっています。

目標への取り組み方はさまざまです。例えば、給食を残さないこと、水を出しっ放しにしないことなども、よりよい世界をつくる第一歩になります。自分にできることは何かを考えて、取り組んでみましょう。

2030年までに
達成すべき17の目標

クイズ

緑茶はチャノキの葉からつくられています。チャノキの仲間は？

①ツツジ
②サクラ
③ツバキ

答え ③ツバキ
チャノキはツバキの仲間です。チャノキの葉は、緑茶、紅茶、烏龍《ウーロン》茶などの原料になります。

手を洗ったら きれいなハンカチで拭こう

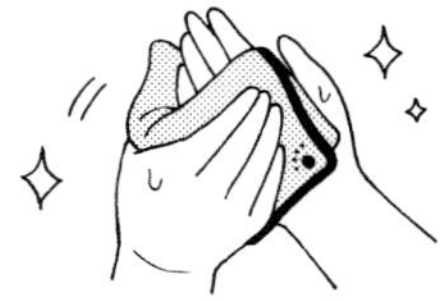

手を洗った後、髪の毛や服などを触っていませんか。髪の毛や服には雑菌がついているので、手を洗ったら、すぐにきれいなハンカチやタオルで拭くようにしましょう。

参考文献 『新版 牛乳・乳製品の知識』堂迫俊一著 幸書房刊 『こどものアレルギー基礎BOOK』今井孝成監修 日東書院本社刊ほか

5月のイラスト

小学校

中学校

給食だより6月

毎年６月は「食育月間」、毎月19日は「食育の日」と定められています。学校では、教育活動全体を通じて食育の推進を図っています。ご家庭でも身近なことから実践して、「食」についての関心を高めましょう。

食育ってどんなこと

食育は、生きる上での基本であって、知育・徳育・体育の基礎となるものです。また、子どもたちに対する食育は、心身の成長、及び人格の形成に大きな影響を及ぼし、生涯にわたって健全な心と身体を培い、豊かな人間性を育んでいく基礎となります。

知っていますか？ 食生活指針

食生活指針は、健康増進や生活の質の向上などを目的として定められました。

① 食事を楽しみましょう。	⑥ 野菜・果物、牛乳・乳製品、豆類、魚なども組み合わせて。
② １日の食事のリズムから、健やかな生活リズムを。	⑦ 食塩は控えめに、脂肪は質と量を考えて。
③ 適度な運動とバランスのよい食事で、適正体重の維持を。	⑧ 日本の食文化や地域の産物を活《い》かし、郷土の味の継承を。
④ 主食、主菜、副菜を基本に、食事のバランスを。	⑨ 食料資源を大切に、無駄や廃棄の少ない食生活を。
⑤ ごはんなどの穀類をしっかりと。	⑩ 「食」に関する理解を深め、食生活を見直してみましょう。

出典　文部省（当時）、厚生省（当時）、農林水産省「食生活指針」（平成28年６月一部改正）

かむ力がつくのはどんな食べ物？

かむ力を維持したり向上させたりする食べ物は、食物繊維の多い野菜や海藻、きのこ、筋繊維のしっかりしている牛肉、豚肉などです。干した食べ物もかみごたえが大きくなります。これらの食べ物は、単にかたいものではなく、口の中で小さくするために何回もかむ必要があるものです。かみごたえの大きい食べ物を食べて、かむ力をつけましょう。

～海藻まめ知識～

わかめ

矢印の部分の名前は？

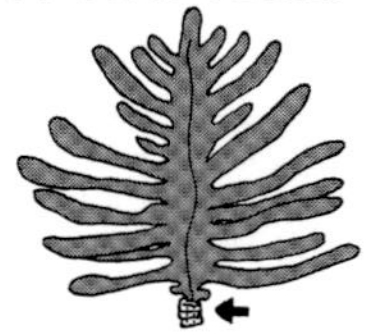

矢印の部分は、めかぶです。ここから、胞子が放出されます。

こんぶ

海の中でだしが出ないのはなぜ？

海の中では、細胞膜によってだしの成分が守られているからです。

食中毒が増える季節です！

梅雨や夏の時季は、湿度や気温が高くなり、細菌による食中毒が多く発生します。食中毒の原因菌は目に見えないため、さまざまなところに付着している可能性があります。予防するには、石けんで手をしっかり洗って、食材は低温で保存し、しっかり加熱（特に肉は中心まで）することが大事です。

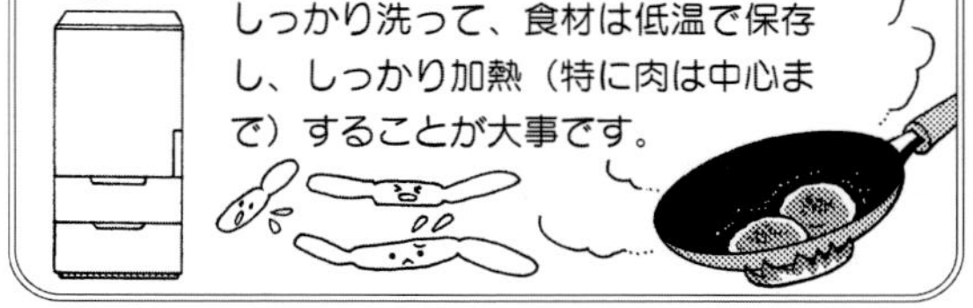

そしゃくの意味

そしゃくには、二つの意味があるんだよ
①かみ砕いて味わうこと
②物事や文書の意味をよく考えて味わうこと
なるほど〜
ちゃんとそしゃくした？

もぐもぐ
ん？どっちの意味？

参考文献　政府広報オンライン　『ビジュアル版 見てわかる すぐ使える 楽しい食教材 育てようかむ力』柳沢幸江著 少年写真新聞社刊ほか

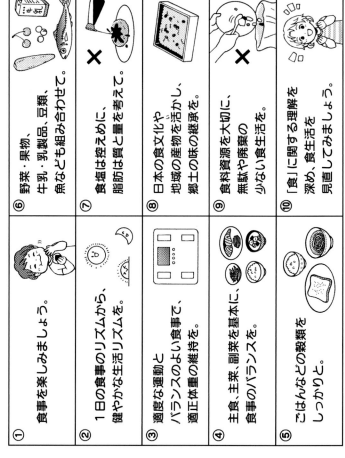

6月のイラスト

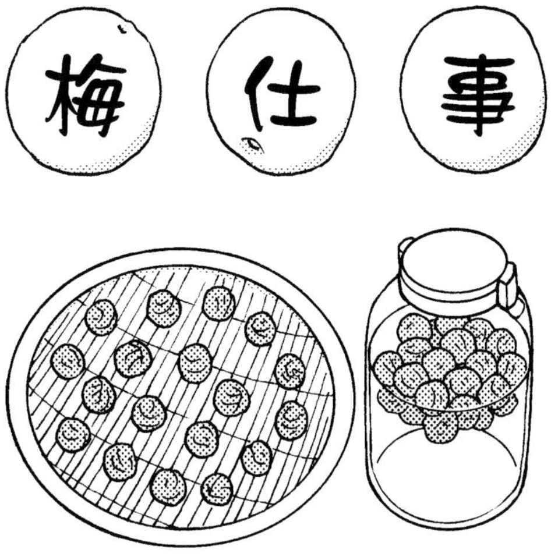

小学校

中学校

給食だより 7月

梅雨が明けると、いよいよ本格的な夏がやってきます。暑くなり始めるこの時期は、暑さに体が慣れていないので、熱中症などに気をつけて過ごしてください。こまめな水分補給と共に食事をしっかりととって、暑さに負けない体をつくりましょう。

大切な夏の水分補給

わたしたちの体は、成人で体重の約60%を水分が占めていますが、2%以上を脱水すると、体温を調節する機能や運動機能が低下してしまいます。

夏は知らず知らずのうちに汗をかいているので、のどがかわく前にこまめな水分補給を心がけることが大切です。また、食事からも水分は補給されるので、三食をきちんととるようにしましょう。

水分補給に何を飲む？

ふだんの水分補給には、水や麦茶を飲むようにします。運動などで汗を多くかく時は、塩分も補給できるスポーツドリンクなどを飲むとよいでしょう。ジュースは糖分が多いので、水のかわりに飲むと糖分のとり過ぎになるので注意します。

危険な熱中症

熱中症とは、暑さで体温が上がると共に、脱水状態や塩分欠乏などになり、体温の調節ができなくなって、さまざまな体調不良が起きる障害のことです。重度の場合は死に至ることもあるので、予防をするために、こまめな水分補給で脱水を防ぎ、気温や湿度の高いところでの活動を避けましょう。ふだんから汗をかく習慣をつけておくことも大事です。

夏を元気に過ごすには

こまめな水分補給	栄養バランスのよい食事
のどがかわく前の水分補給で脱水を防ぎます。	1日3回、栄養バランスよく食べます。
温かいものも食べる	**十分な睡眠**
冷たいものをとり過ぎず、温かいものもとります。	睡眠不足だと体調をくずしやすくなります。

夏野菜や肉や卵で めん類を具だくさんに！

そうめんなどのめん類だけでは、栄養バランスが偏ってしまいます。卵やハム、ツナ、トマトやきゅうりなどの夏野菜、のりなどをトッピングして、具だくさんにすると、たんぱく質やビタミンなどもしっかりとることができます。

再会

おうちでチャレンジ！ かみかみ料理

きのこと野菜たっぷり焼きそば

フランスパンのナッツのせ

参考文献 『ホントはコワイ夏バテ 51の対策』福田千晶監修 日東書院本社刊 『知って防ごう熱中症』田中英登著 少年写真新聞社刊ほか

7月のイラスト

小学校

中学校

©少年写真新聞社2022 給食ニュース No.1867付録 2022年7月18日発行

給食だより 8月

暑い日が続いています。暑さに負けないためには、朝ごはんをはじめ、1日三食を規則正しく食べ、いろいろな食べ物からバランスよく栄養をとるようにしましょう。夏は汗をたくさんかくので、こまめな水分補給も大切です。元気に楽しい夏を過ごしましょう。

夏ばて していませんか

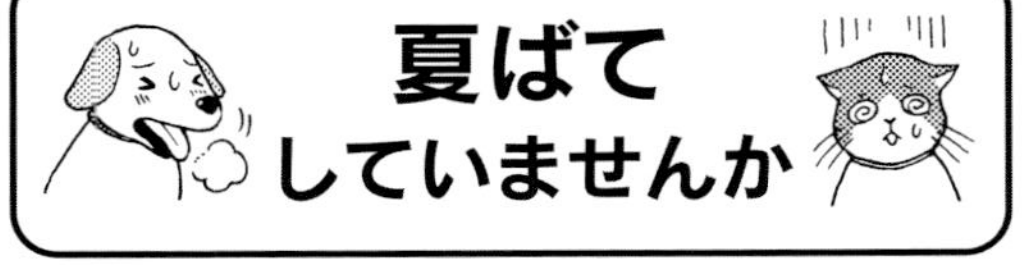

夏ばてとは、暑さのために体がだるくなったり、食欲がなくなったりすることです。食生活に注意して、暑さに負けない体をつくりましょう。

元気に過ごす食生活のポイント

バランスよく三食食べよう

こまめな水分補給

冷たいものの とり過ぎ注意

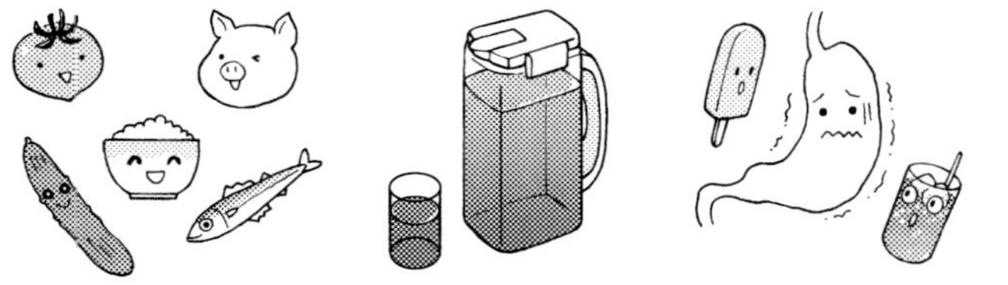

夏休み中も、栄養バランスのよい食事を三食とり、こまめに水分補給をするようにします。また、冷たいものをとり過ぎないようにして、常温のものや温かいものもとりましょう。

やってみよう 家庭の仕事ビンゴ

買い物	調理	食後の後片づけ
洗濯物を干す		洗濯物をたたむ
部屋のそうじ	風呂のそうじ	ごみを分別して捨てる

自分にできる家庭の仕事をやってみましょう。仕事ができたらビンゴの枠に色を塗ります。初めての仕事は、手順を調べたり家族に教えてもらったりして覚えます。できることを増やすために、経験したことのない仕事にも挑戦して、縦横ななめをそろえましょう。

真ん中は、自分で仕事を考えて記入しよう
きゅーたん

やっぱり大切 早起き・早寝・朝ごはん

夏休みは、つい夜ふかしをしたり、朝ごはんを食べなかったりして生活リズムが乱れがちです。体調をくずさないためにも、早起き・早寝・朝ごはんを心がけましょう。

休みの日も牛乳

給食のない日は、ある日にくらべてカルシウムの摂取量が不足します。休みの日にも、食事や間食などと一緒に牛乳を飲むようにしましょう。

避けてほしい 7つのこ食

ひとりで食事する「孤食」のほかにも避けてほしい「こ食」があります。

孤食 ひとりで食べる

個食 それぞれ違うものを食べる

子食 子どもだけで食べる

固食 同じものばかり食べる

小食 必要以上に食事の量を減らす

濃食 濃い味つけのものばかり食べる

粉食 小麦粉でつくられたものばかり食べる

Dataで見る食育 ▶▶▶ 家庭の食品ロスの原因

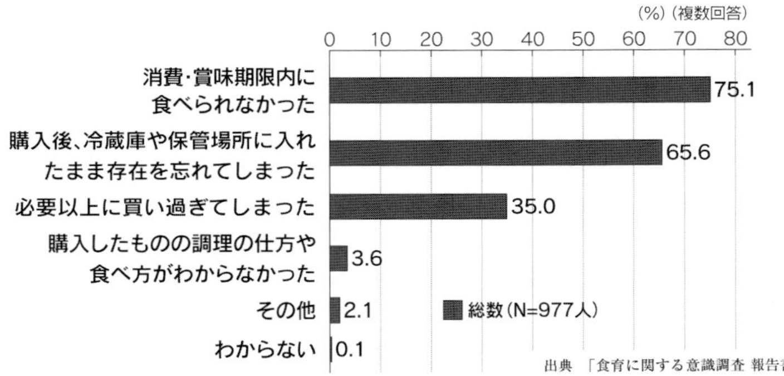

出典 「食育に関する意識調査 報告書」農林水産省 令和3年3月

購入した食品を食べずに捨ててしまった原因でもっとも多かったのは「消費・賞味期限内に食べられなかった」でした。食品ロスの削減のために、食材をチェックするようにしましょう。

参考文献 『わたしたちの家庭科5・6』鳴海多恵子・石井克枝・堀内かおるほか著 開隆堂刊ほか

8月のイラスト

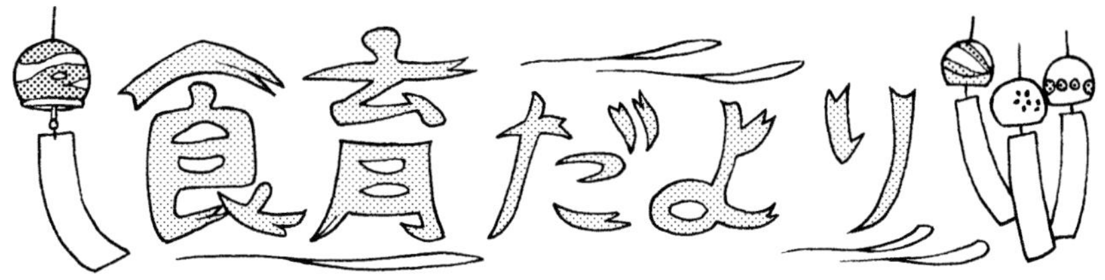

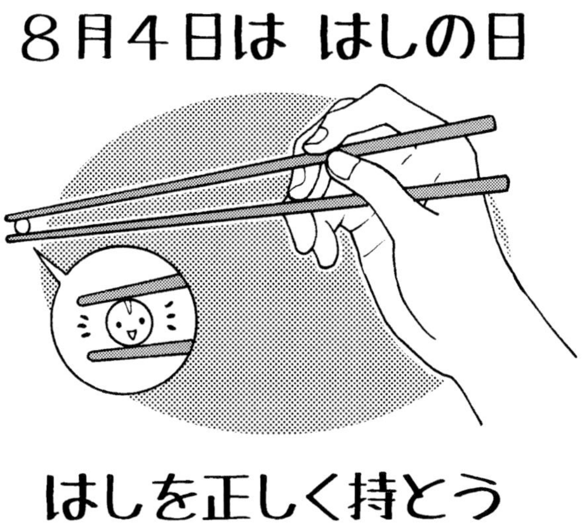

小学校

中学校

給食だより 9月

9月1日は防災の日です。また、この日を含む1週間（8月30日～9月5日）は、防災週間と定められています。災害はいつ起きるかわかりません。この機会に家族で備蓄について話し合い、家にあるものを見直して災害に備えましょう。

各家庭に合った備蓄の方法

①家にある食品をチェック
②家族の人数や好みに応じた内容や量を決める
③足りないものを買い足す
④賞味期限前に食べて、食べた分を買い足す

家庭備蓄の食品の量は、「一人最低3日～1週間分×家族の人数」が望ましいといわれています。備蓄食品には、災害時に使用する「非常食」と、日常的に使用しながら、災害時にも使用できる「日常食品」があります。「日常食品」を多めにすると、常に一定量を備えることができます。家族で家にある食品を見直して、栄養バランスや使い勝手、好みなどを考えて食品を選びましょう。

水や熱源の
備蓄も忘れずに！
きゅーたん

水の備蓄量は、一人当たり最低3日分の約9L（飲料水＋調理用水）が望ましいといわれています。また、カセットこんろやカセットボンベがあると、食品を加熱することができて食の選択肢が広がります。

ガス

災害時の手洗い

水が使える時は、石けんを使っていねいに洗います。水が使えない時は、ウェットティッシュなどで汚れを落としてから、アルコール消毒液を手全体にすり込みます。

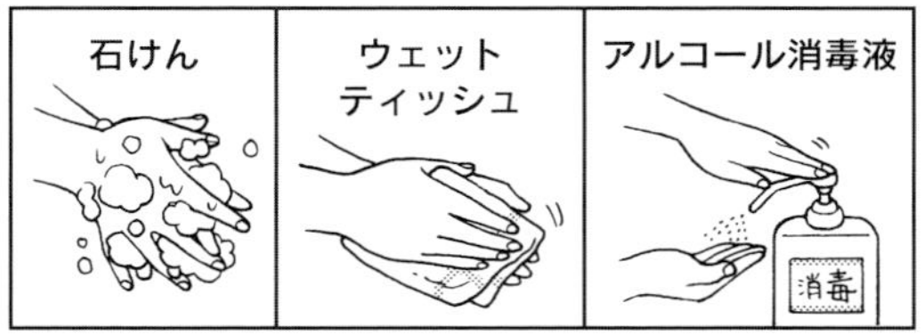

夏休み明け　生活リズムをととのえよう

生活リズムをととのえるためには、わたしたちの体にある「体内時計」を、1日24時間の周期に合わせて、調整することが大切です。調整するためには、朝日を浴びることと、朝食を食べることがよいといわれています。生活リズムをととのえて、元気に過ごしましょう。

地域によって違う 月見だんご

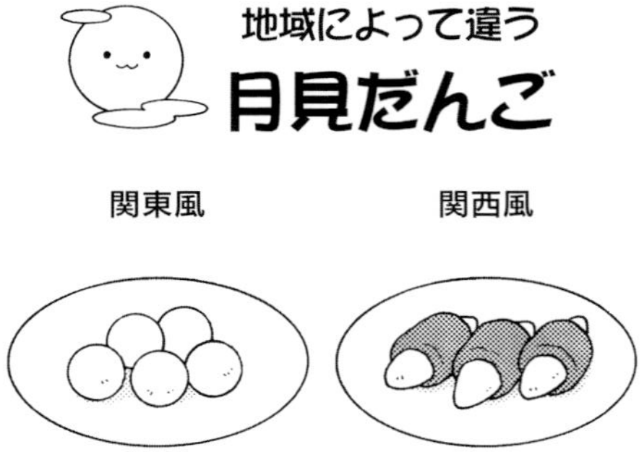

月見の時に供える月見だんごの形は、地域によって違います。関東風は、お月さまのような丸い形をしています。関西風は、両端をとがらせ、あんこが巻いてあります。秋の夜空に浮かぶ美しい月と、月見だんごを楽しんでみませんか。

さんまの選び方

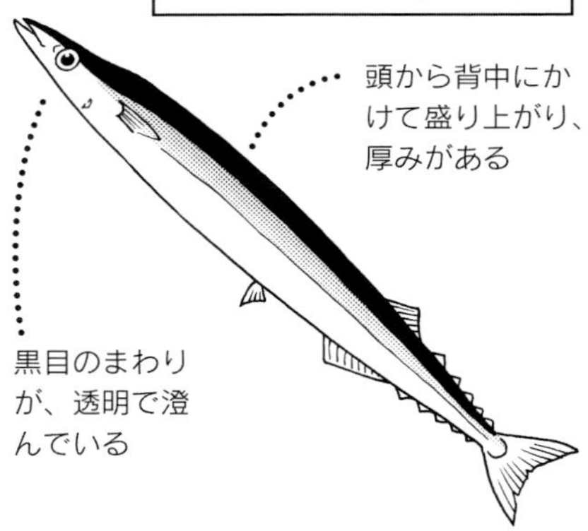

頭から背中にかけて盛り上がり、厚みがある
黒目のまわりが、透明で澄んでいる

SDGs 水を大切に使うためにできること

水を流しっ放しのまま使用すると、30秒間で約6L、5分間で約60Lが流れてしまうことになります。

限りある水を大切にするために、日頃から節水を心がけましょう。

※出典　東京都水道局HP

洗面・手洗い	歯みがき	食器洗い
蛇口はこまめに開閉します。	口をゆすぐ時は、コップを使います。	食器の汚れは、古布などでぬぐってから洗います。

参考文献　農林水産省「災害時に備えた食品ストックガイド」ほか

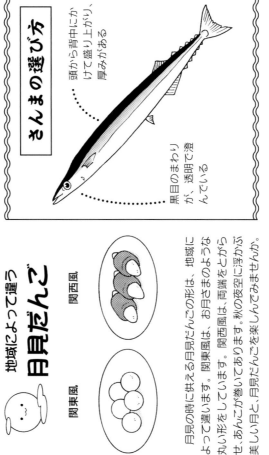

9月のイラスト

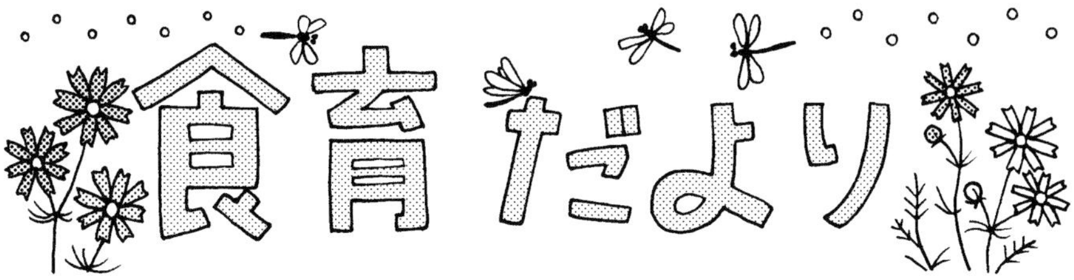

小学校

中学校

給食だより 10月

「芸術の秋」、「読書の秋」、「スポーツの秋」と、秋はいろいろなことに取り組むのによい季節です。そして、おいしい旬の食べ物がたくさん出回る「食欲の秋」でもあります。食べ過ぎに気をつけて、三食や間食で秋の味覚を楽しみましょう。

間食（おやつ）の役割を考えよう

間食には食事で不足する栄養素などを補う役割がありますが、三食で栄養をしっかりとれていれば必要ありません。また、間食で好きなものを好きなだけ食べてしまうと、エネルギーや脂質や糖分、塩分のとり過ぎになってしまいます。間食は不足しがちな栄養素（カルシウムなど）がとれるように内容を考えて、時間と量を決めてとることが大切です。おすすめの間食は、乳製品や果物、野菜スティック、ふかしいも、おにぎりなどです。

間食３か条

1. 時間や量を決めて食べよう！
2. 不足しやすい栄養素を補おう！
3. 栄養成分表示を見て、脂質・糖質・塩分のとり過ぎを防ごう！

自分にぴったりの間食は？

夕食が早い人は

軽めにします。間食をたくさん食べると、夕食の時におなかがすかず、必要な栄養素をとれなくなってしまいます。

塾や習いごとで夕食が遅い人は

出かける前におにぎりや野菜スープなどの軽い食事をとります。帰ってから食べ過ぎるのを防ぎます。

スポーツをしている人は

主食のごはんをしっかり食べ、間食は三食で足りない栄養素を補うようにします。果物や乳製品がおすすめです。

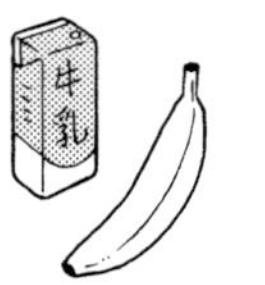

いつも食べている**みそ**を知ろう

みそは日本の食生活に欠かせない食品で、材料は大豆とこうじ、塩です。使うこうじの種類で、米みそ・麦みそ・豆みそにわけられます。地域や家庭によっても使われているみそは違います。給食のみそ汁と家庭のみそ汁の味をくらべてみると、いろいろな発見があるかもしれません。

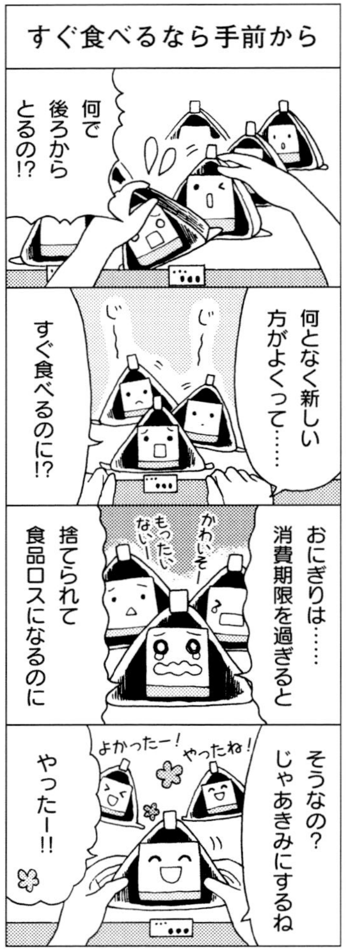

10月10日は 目の愛護デーです

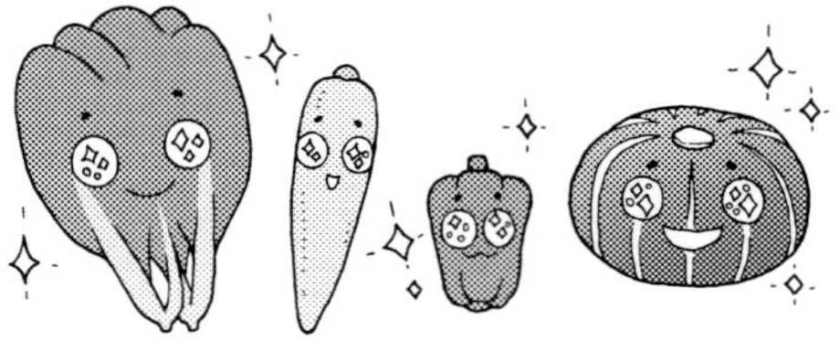

緑黄色野菜に含まれるカロテンは、体内で必要に応じてビタミンAにかわります。ビタミンAは目や粘膜の健康を保つ栄養素です。給食には必ず緑黄色野菜が使われているので、しっかり食べて目の健康を保ちましょう。

クイズ 新米の季節です。新米と表示できるのはいつまでに袋に詰めた米でしょう？

①収穫された月の翌月まで
②収穫された年の12月31日まで
③収穫された次の年の秋頃まで

収穫されたばかりの米を新米といいますが、新米と表示できるのは、収穫した年の12月31日までに精白して袋に詰めた米です。

答え ②収穫された年の12月31日まで

参考文献 『見直してみよう間食』太田百合子著 少年写真新聞社刊 農林水産省HPほか

10月のイラスト

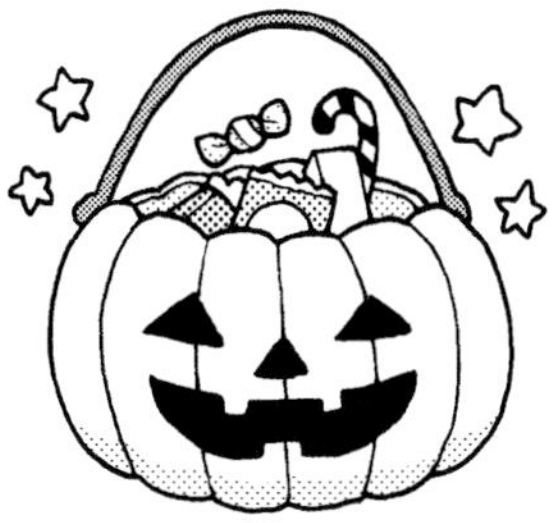

小学校

中学校

給食だより 11月

11月23日は勤労感謝の日です。みなさんが毎日食べている給食には、地域の食材が多く使われています。その食材を育てる人や運ぶ人、調理をする人など、いろいろな人たちによって給食は支えられています。感謝の気持ちを忘れずにいただきましょう。

地域の食べ物を食べよう 地産地消！

地域でとれる食べ物を、その地域で食べることを「地産地消」といいます。給食の献立から地域の食材を探してみましょう

地産地消のよいところ

新鮮で安心

生産地が近く、つくっている人や場所がわかるので、新鮮で安心な食べ物が手に入ります。

地域の活性化

地域でつくられたものを買うと、その地域の経済を活性化させ、生産者を応援することができます。

環境によい

輸送距離が短いので使う燃料が少なく、地球温暖化の原因となる二酸化炭素の排出も減ります。

調べてみよう 地域でとれる食べ物

絵や写真	とれる食べ物
	とれる理由

日本の食料自給率は37%です

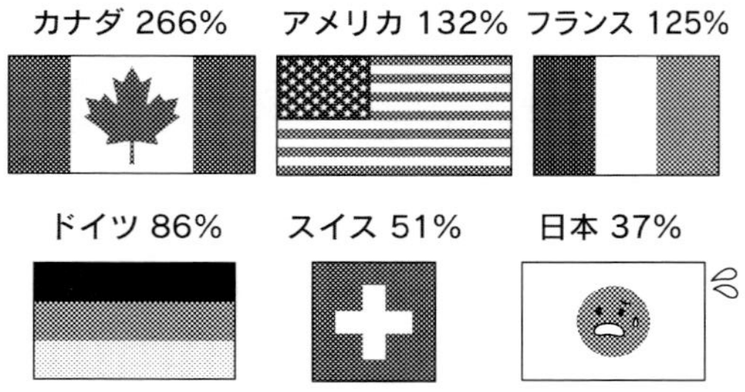

※カロリーベース　出典　農林水産省「食料需給表」（日本は2020年度 それ以外の国は2018年）

食料自給率とは、国内で消費される食べ物のうち、国内でつくられたものの割合のことです。日本の食料自給率は37%（カロリーベース）と、世界の国とくらべてとても低い値です。これは食生活の変化で自給率の高い米を食べる量が減って、肉や乳製品など、輸入した食料を食べる量が増えたためといわれます。外国からの輸入が止まってしまうと、日本の食べ物は不足してしまいます。食料自給率を上げるにはどうすればよいのかを考えてみましょう。

11月8日はいい歯の日 よくかむと体や脳によいことがたくさん

味がよくわかる

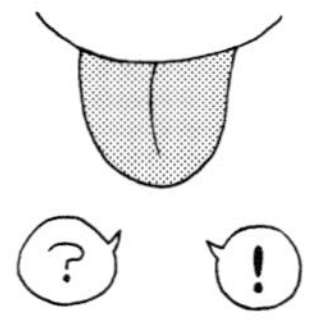

唾液が多く出る

食べ過ぎを防ぐ

脳の働きアップ

消化を助ける

カルシウムがとれる間食

牛乳
フルーツ
寒天

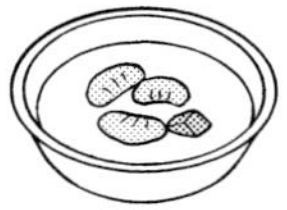

こまつなとじゃこの
チーズ入り
お好み焼き

子どもたちの命を救う給食

世界には、空腹のまま学校に通っている子どもや、家族の仕事の手伝いで学校に通えない子どもが多くいます。学校給食があると、親が子どもを学校に通わせるようになり、子どもの栄養状態が改善されます。学校への出席率も高くなり、成績の向上にもつながります。

参考文献　農林水産省HP、『新しい社会　5下』北俊夫、小原友行ほか99名著 東京書籍刊ほか

11月のイラスト

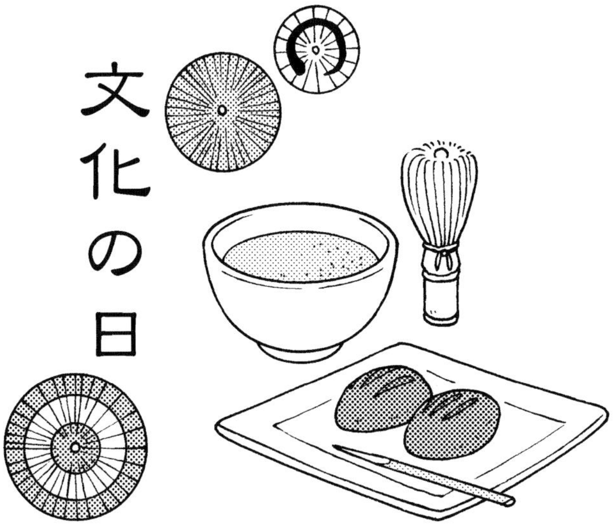

小学校

中学校

給食だより 12月

あと１か月で今年も終わります。この時期は、クリスマスや大みそかなど、人と食事をする機会が増えます。そこで気をつけないといけないのが、感染症です。感染症予防のためには、必要なタイミングでしっかり手を洗い、栄養バランスのよい食事と十分な休養が大切です。寒さに負けずに元気に過ごしましょう。

感染症予防に効果的な 手洗いのタイミング

手洗いは、手についている細菌やウイルスを減らすことができる有効な予防手段です。寒いと手洗いがおろそかになりがちですが、石けんを泡立ててから、手のひら、手の甲、指と指の間、指先などをしっかり洗いましょう。流水ですすいだ後は、きれいなタオルやハンカチで拭くようにします。

冬に多い感染症

冬に多い感染症として挙げられるのは、ノロウイルスとインフルエンザです。ノロウイルスは、手や食べ物を通して体の中に入り、おう吐や下痢などの症状が現れます。インフルエンザは、おもにせきやくしゃみなどの飛まつが体の中に入り、38℃以上の高熱や頭痛、関節痛などの症状が急速に現れます。

冬休みも生活リズムをととのえよう

冬休みの間には、つい、夜ふかしをしてしまい、生活リズムが乱れがちになります。

不規則な生活で体調をくずさないためにも、朝起きたら、朝の光を浴びる、朝ごはんをはじめ、三食規則正しく食べる、日中は元気に体を動かす、夜は早めに寝て十分な睡眠をとるようにしましょう。

クイズ

口から入った食べ物の通り道はどれ？

①口→食道→小腸→胃
②口→食道→胃→小腸
③口→胃→食道→小腸

答え ②口→食道→胃→小腸
食べ物は、口の中でよくかむと細かくなり、食道を通って胃で消化されながら小腸へと運ばれ、吸収されています。

冬野菜は甘い！

冬野菜を食べた時、甘いと感じることがあります。これは、冬野菜が寒さで凍らないように、細胞に糖を蓄えるためです。冬野菜の甘みを味わってみましょう。

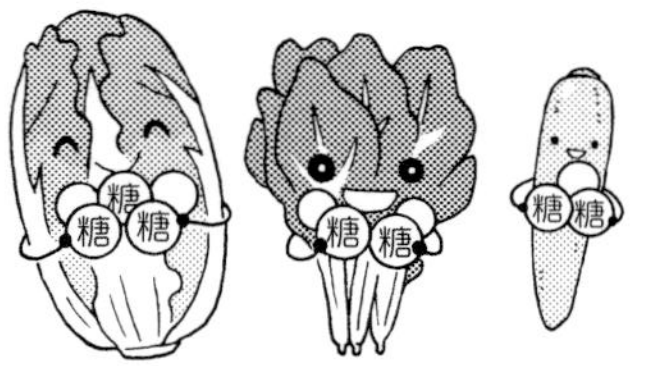

大みそかに食べる年越しそば

年越しそばには、そばの細長い形から長寿を願って食べるという説があります。ほかにも、「金を集める」縁起物として食べるという説などがあり、これらの由来から大みそかに家族でそばを食べるようになりました（ただし、地域によっては、そばを食べないところもあります）。

参考文献 『新しい保健体育』戸田芳雄ほか37名著 東京書籍刊 『新編 新しい保健５・６』戸田芳雄ほか16名著 東京書籍刊 厚生労働省HP 農林水産省HPほか

12月のイラスト

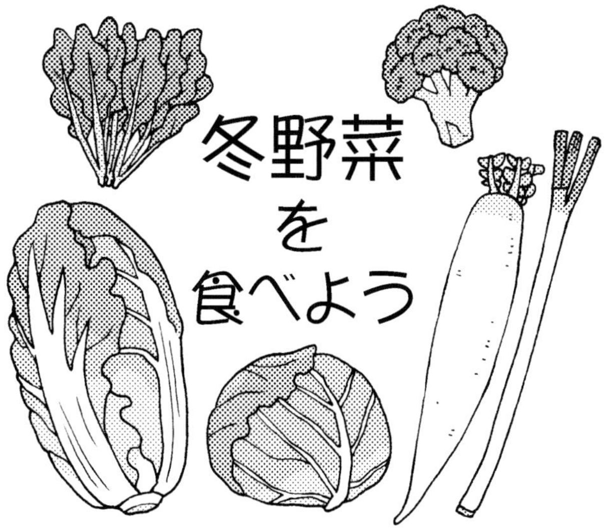

小学校

中学校

給食だより 1月

あけましておめでとうございます。冬休みが終わり、学校給食が始まります。みなさんがいつも食べている給食は、いつから始まったのか、知っていますか。学校給食の歴史をふり返ってみましょう。

おにぎりから始まった学校給食

明治22年（1889年）	昭和22年（1947年）	昭和58年（1983年）	現在（2023年）
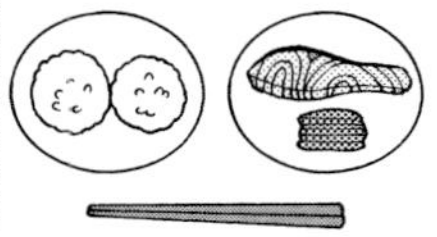	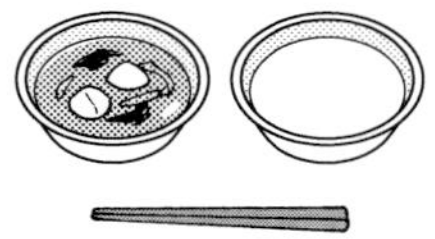		
・おにぎり ・塩さけ ・菜の漬物	・ミルク（脱脂粉乳） ・トマトシチュー	・ツイストパン ・牛乳 ・卵とほうれんそうのグラタン ・えびのサラダ ・くだもの（みかん）	・ごはん ・牛乳 ・豆腐のハンバーグ ・あえ物 ・みそ汁 ・みかん

学校給食は、明治22年（1889年）に山形県鶴岡町（現在の鶴岡市）の私立忠愛小学校で貧困児童を対象に、無償でおにぎりなどを提供したことが始まりです。

1月24日～30日は全国学校給食週間です

学校給食は、栄養バランスがよく、子どもたちの心身の発達や健康を支え、食に関する指導をすすめるための教材になっています。また、偏った食生活、肥満傾向など、子どもたちの食生活を取り巻く環境が大きく変化している中で、学校給食は、子どもたちが食に関する正しい知識と望ましい食習慣を身につけるために重要な役割を果たしています。

学校給食週間では、子どもたちや先生だけではなく、地域の人にも、学校給食の意義や役割について理解を深め関心を高めるために、全国でさまざまな行事が行われています。

この機会に家族で給食について考えてみませんか

お正月に食べるおせち料理

おせち料理とは、もともと季節のかわり目の「節日《せちにち》」に、神様に供える食べ物の「御節供《おせちく》」が略されたものです。その後、特に大切な節日であるお正月のみ、「おせち料理」と呼ばれるようになりました。おせち料理の一つひとつに、意味があり、願いが込められています。

また、家庭や住んでいる地域によって、料理や重箱の詰め方なども違います。自分の住んでいる地域や家のおせち料理はどんなものでしょうか。

SDGs（持続可能な開発目標）

14. 海の豊かさを守ろう

海は、地球の面積の7割を占め、豊かな資源をわたしたちに与えてくれます。ところが、魚のとり過ぎにより資源が減り、わたしたちが出すプラスチックなどのごみや排水によって海が汚れてしまっているなどの問題を抱えています。

海の豊かさを守るために、自分たちにできることを、考えてみましょう。

14 海の豊かさを守ろう

花と茎を食べる ブロッコリー

ブロッコリーは、花のつぼみと茎を食べる緑黄色野菜です。わたしたちがよく食べているつぶつぶした部分はつぼみが集まったものです。

ブロッコリーには、カロテンやビタミンC、ミネラル、食物繊維など、わたしたちの健康に必要な栄養素がたくさん含まれています。

参考文献　文部科学省HP　日本スポーツ振興センターHPほか

1月のイラスト

小学校

中学校

給食だより 2月

2月3日は節分です。節分を過ぎると暦の上では春ですが、まだまだ寒い日が続きます。かぜをひかないように、栄養バランスのよい食事と、手洗い・うがいを心がけて、元気に過ごしましょう。

いろいろな食品に変身する大豆

節分の時には大豆をいった、いり豆がまかれます。

大豆は、みそやしょうゆ、豆腐、油揚げ、納豆、きな粉など、いろいろな食品や調味料に変身して、わたしたちの食生活を支えています。

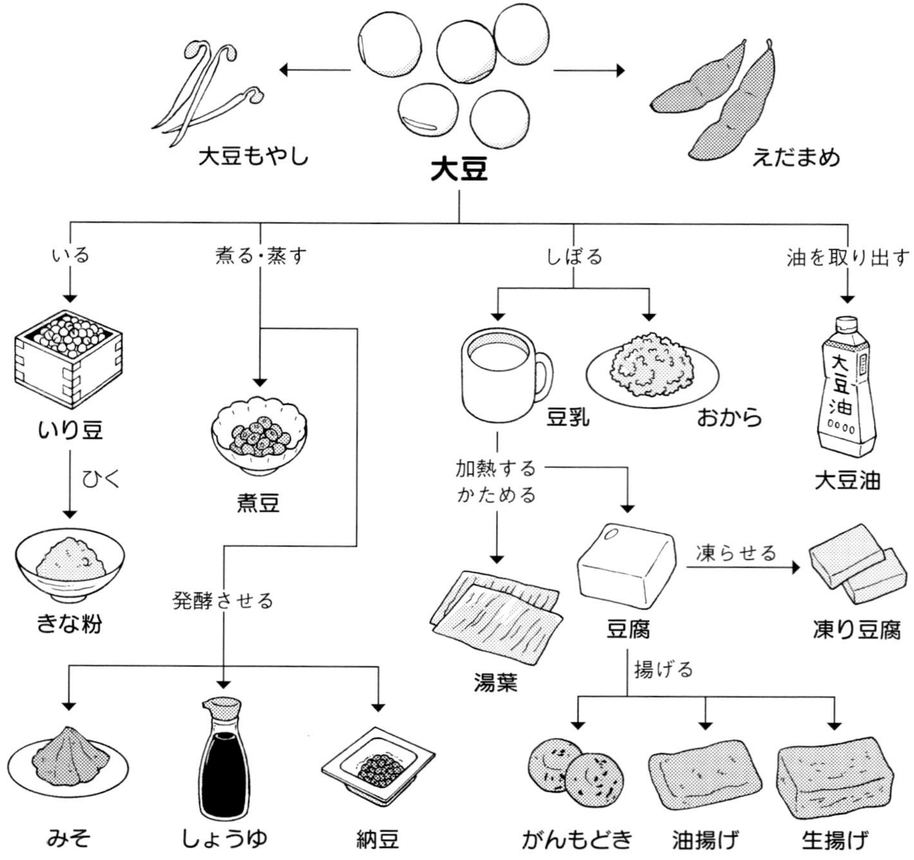

クイズ 大豆は畑の□に入る言葉は？

①卵
②人気者
③肉

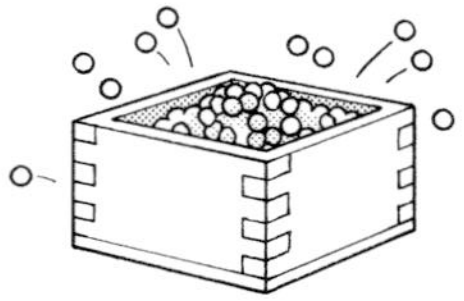

答え ③肉 大豆は栄養が豊富で、特にたんぱく質を多く含むことから「畑の肉」と呼ばれています。

健康な体をつくるための 食生活チェック

□朝・昼・夕、規則正しく食事をしている
□間食は時間と量を決めて食べ過ぎない
□栄養バランスよく食べている
□糖分・脂質・塩分をとり過ぎない
□よくかんで食べている

健康な体をつくるために、食生活をふり返ってみましょう。子どもは保護者の生活習慣に影響されやすいので、ご家庭でチェックをしてみてください。

※学校給食のナトリウム（食塩相当量）の食事摂取基準値は8歳〜11歳のものです。

Data で見る食育 ▶▶▶ 伝統的なはしの持ち方・使い方ができますか

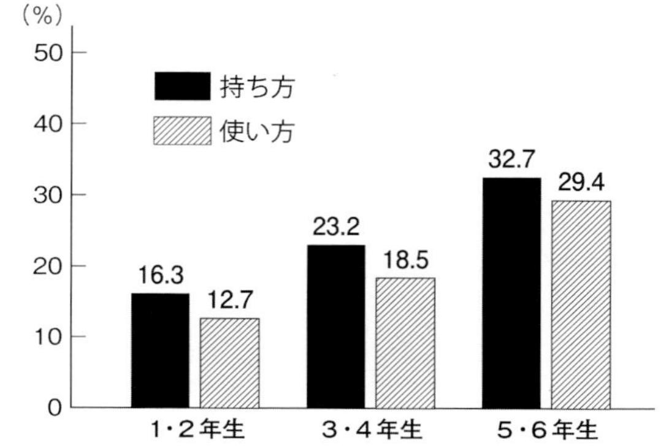

学年が上がるにつれて、伝統的なはしの持ち方や使い方ができるようになっていますが、5・6年生でも、伝統的な持ち方ができるのは32.7%、使い方ができるのは29.4%と、どちらも3割程度にとどまっています。

出典「箸の持ち方・使い方、鉛筆の持ち方・使い方、及び、ナイフで鉛筆を削る動作の実態に関する調査研究」NPO法人子どもの生活科学研究会

参考文献 『大豆まるごと図鑑 すがたをかえる大豆』国分牧衛監修 金の星社刊 文部科学省HP 農林水産省HPほか

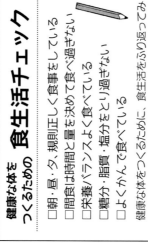

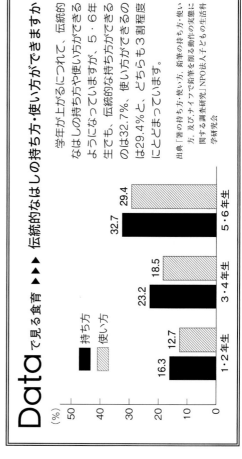

2月のイラスト

小学校

中学校

給食だより 3月

みなさんはこの１年間の学校生活を通して、大きく成長したことと思います。進級・卒業の前に１年間をふり返って、新しい生活への準備をしましょう。

マナーを守って食べましたか？

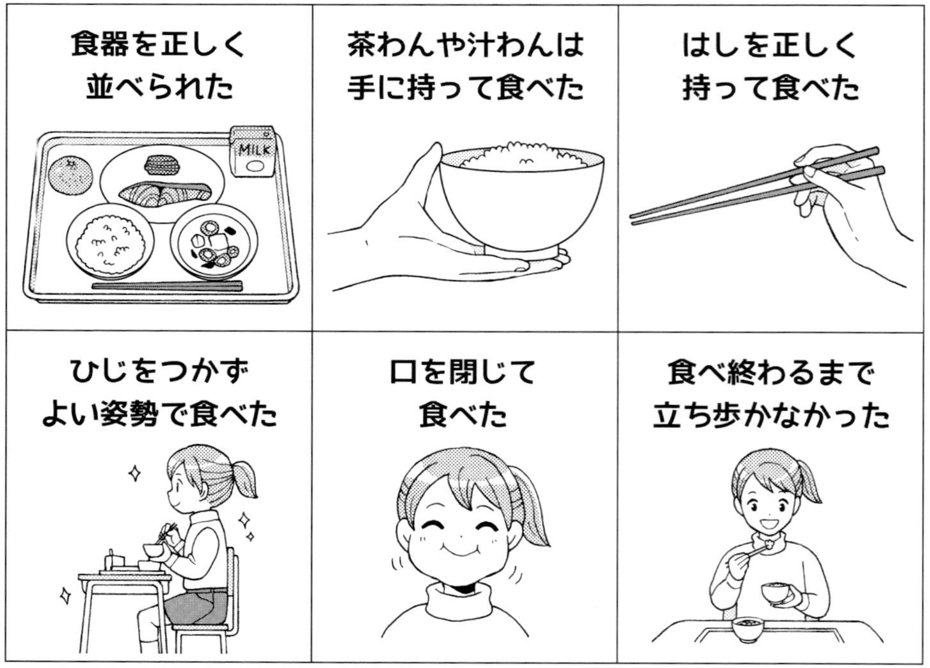
食器を正しく並べられた
茶わんや汁わんは手に持って食べた
はしを正しく持って食べた
ひじをつかずよい姿勢で食べた
口を閉じて食べた
食べ終わるまで立ち歩かなかった
MILK

MILK

給食はおなかを満たす食事というだけではなく、栄養バランスのとれた献立や食事のマナー、食品の種類や特徴などについて学ぶことのできる「生きた教材」です。みなさんは毎日の給食を通して、さまざまなことを身につけてきました。給食で学んだことをふり返ってみましょう。

3月3日はひな祭り

ひな祭りは女の子の健康と幸せを願う行事です。ひな祭りに食べる、うしお汁のはまぐりは、対になっている貝がら以外とはかみ合わないことから、夫婦の仲のよさをあらわすといわれます。

卒業・進学おめでとう！

おめでとう

ご卒業・ご進学おめでとうございます。成長すると、自分で食べるものを選んだり、料理をつくったりする機会も増えていきます。健康な体は毎日の食事からつくられることを忘れずに、今まで学んだことや、給食の献立を参考にして、栄養のバランスのよい食事を心がけてください。

か・ち・も・な・い？

頭がよくなるサプリメント？
買いに行かなきゃ！
待って！その情報「かちもない」で確認して！
え？
か 書いた人はだれ？
ち 違う情報とくらべた？
も 元ネタ（根拠）は？
な 何のための情報？
い いつの情報？
……効果がなかった人もたくさんいるね
でしょ
成績をアップしたいのなら、まずは宿題からだよ
ファイト！
ちぇ～

家族みんなで家庭の仕事をしよう！

家庭の中では、年齢や立場の違う家族が協力して生活をしています。家庭の仕事は、買い物、食事づくり、部屋の掃除、ごみ出し、風呂掃除、洗濯などたくさんあります。仕事の仕方を調べたり、家族に教えてもらったりして、自分でできることを増やしながら、家族と協力して取り組みましょう。

もやすゴミ

参考資料 「食に関する指導の手引－第二次改訂版－」文部科学省 『新しい家庭５・６』浜島京子 岡陽子ほか44名著 東京書籍刊ほか

3月のイラスト

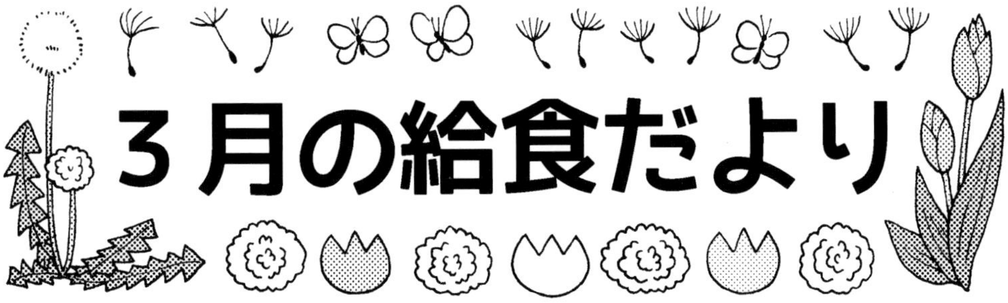

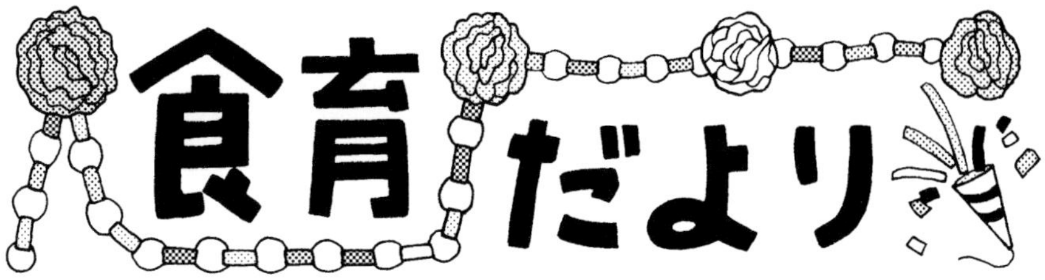

小学校

中学校

給食だより 4月

ご入学、ご進級おめでとうございます。新学期がスタートし、学校給食も始まります。

今年も1年間、栄養バランスのとれたおいしい給食で、みなさんの成長と健康を支えていきます。よろしくお願いいたします。

チェックしよう！ 給食当番の身支度

- 爪は短く切ってありますか？
- ハンカチを用意しましたか？
- 石けんで手を洗いましたか？
- 白衣はきれいですか？
- マスクをきちんとつけていますか？
- 帽子（三角巾）から髪が出ていませんか？

給食当番になった人は、衛生的な配膳ができるように、身支度を確認しましょう。

給食当番の日の体調は大丈夫ですか？

給食当番の人は、自分の体調を確認して、発熱や下痢、腹痛、吐き気などがある時は、先生に伝えて当番を交代してもらうようにしましょう。

白衣の洗濯をお願いします

給食当番は、週末に白衣を持ち帰りますので、家庭で洗濯をして週明けに持ってきてください。ボタンがとれている場合は、お手数ですがつけ直していただけると助かります。ご協力をよろしくお願いします。

入学・進学おめでとう！ お祝いに赤飯を食べるのはなぜ？

昔から入学や卒業などのお祝いの時には、赤飯を食べる風習があります。これは、小豆の赤い色が、魔よけになると考えられていたり、おめでたい色だとされていたりしたからです。ほかにも、古代に食べていた赤米に似せるためなど、いろいろな説があります。

献立表をご活用ください

献立表には料理名だけではなく、給食に使われている食品やエネルギー量などが書かれています。

献立表を見ながら、使われている食品や、地域の郷土料理・行事食などの食にまつわるお話を、子どもと一緒にしていただけたらと思います。

Dataで見る食育 ▶▶▶ 魚を食べていますか？

国民1人1年当たり食用魚介類・肉類の消費量の変化（純食料）

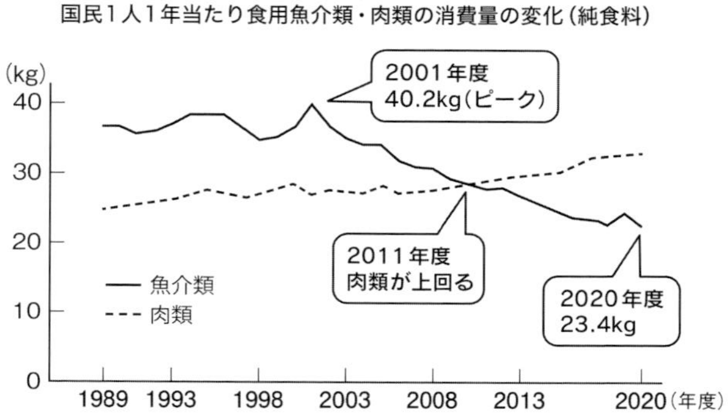

魚介類の消費量は、年々減少し続けています。1人1年当たりの消費量は2001年度の40.2kgをピークに減少しており、2020年度には23.4kgとなりました。一方、肉類の消費量は増加しており、2011年度に魚介類の消費量を上回りました。

資料：農林水産省「食料需給表」

参考文献 「食に関する指導の手引－第二次改訂版－」文部科学省 水産庁ＨＰほか

4月のイラスト

4月の給食だより

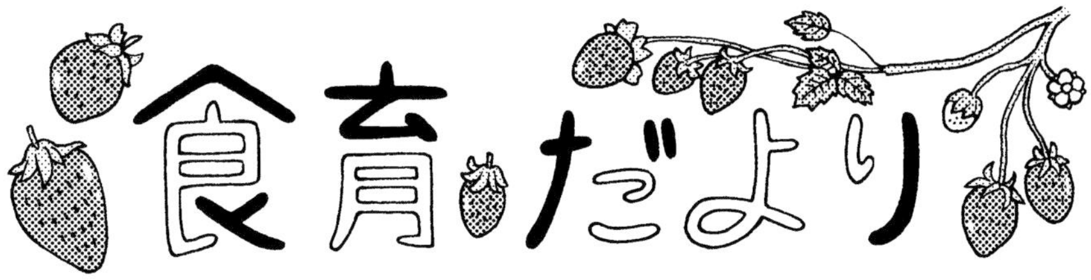
食育だより

April

4月29日は
昭和の日

一年間
よろしく
おねがいします

小学校

登校前に朝ごはん

中学校

朝ごはんで
体力
学力
アップ

CD-ROMの使い方

CD-ROM の使い方を簡単に説明します。

※お使いのパソコンのOSや、ソフトウェアのバージョンによって違いがありますので、詳細については、それぞれのマニュアルを確認してください。

CD-ROMを開き、お使いになりたいフォルダをクリックしてください。

※CD-ROM内の構成の詳細については、本書p.6-7をご覧ください。

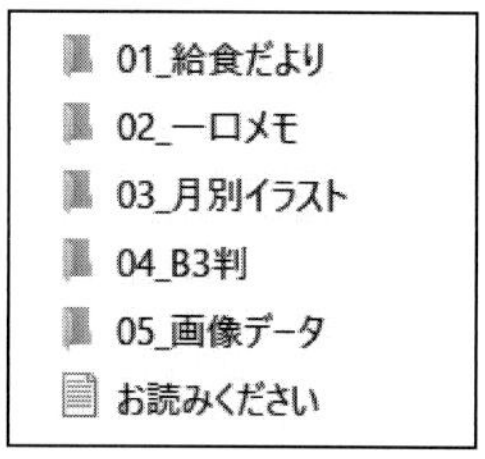

○給食だより・一口メモ・B3判をそのまま使う

給食だより・一口メモ・B3判のPDFデータは、印刷して配布物や掲示物としてご活用できます。

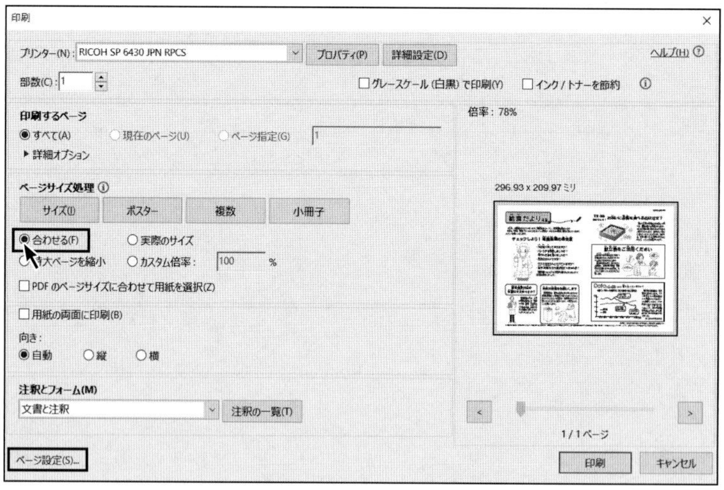

メニューから印刷を選びます。「ページ設定」ボタンをクリックしてプリンタの用紙サイズを設定します。「ページサイズ処理」の項目を「合わせる」に設定します。

○給食だよりの文例つきイラストをそのまま使う

文例つきイラストを書きかえないでそのままお使いになる場合は、JPEGデータが便利です。

■ワープロソフトにJPEGデータをはりつけて、文字列の折り返しを変更する

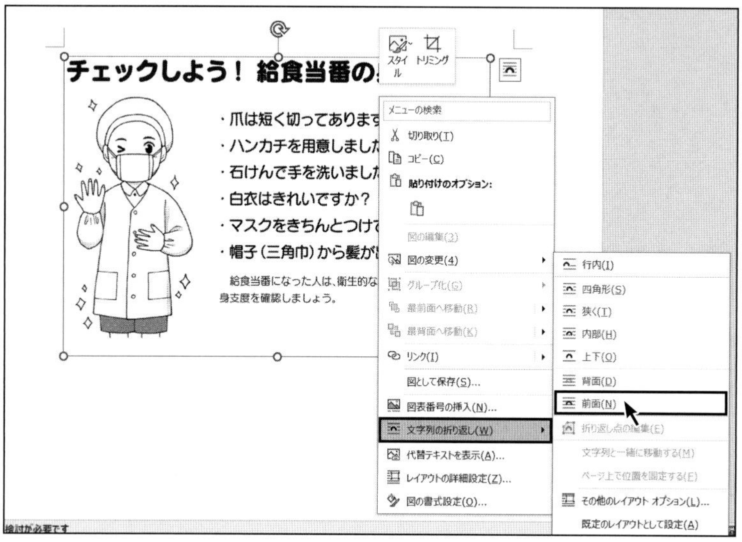

JPEGデータをWordにはりつけます。はりつけたJPEGデータを右クリックして、メニューの「文字列の折り返し」の「前面」をクリックします。

○給食だよりのテキストデータを使って文章を変更して使う

文章やフォントなどをかえたい場合は、TEXTデータを使います。

■ワープロソフトにJPEGデータをはりつけた後、文例の文字を変更する

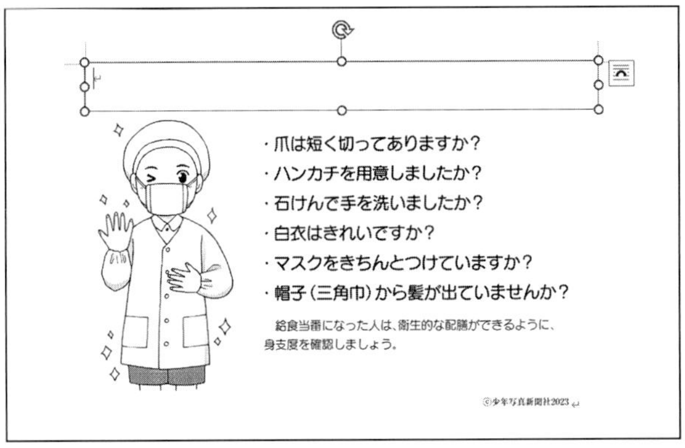

文例つきイラストをはりつけた後、その上からテキストボックスを挿入します。

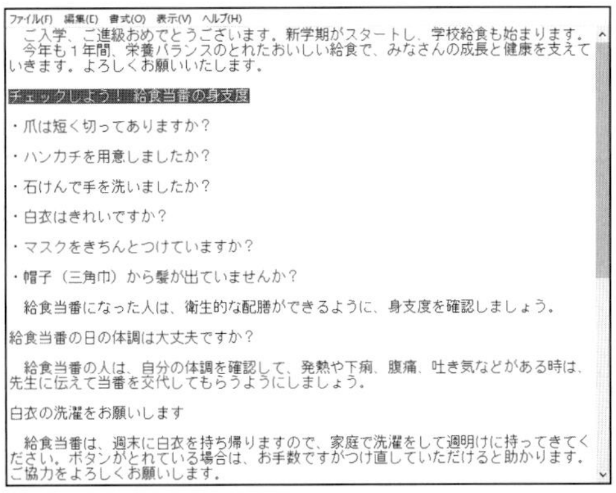

フォルダ内に収録されているTEXTデータを開き、コピーしてはりつけます。

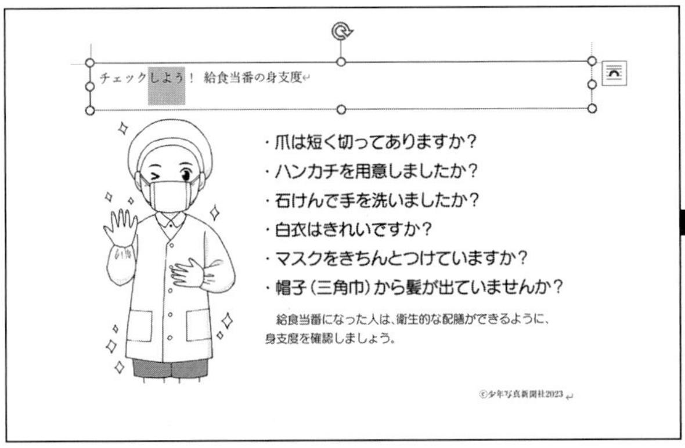

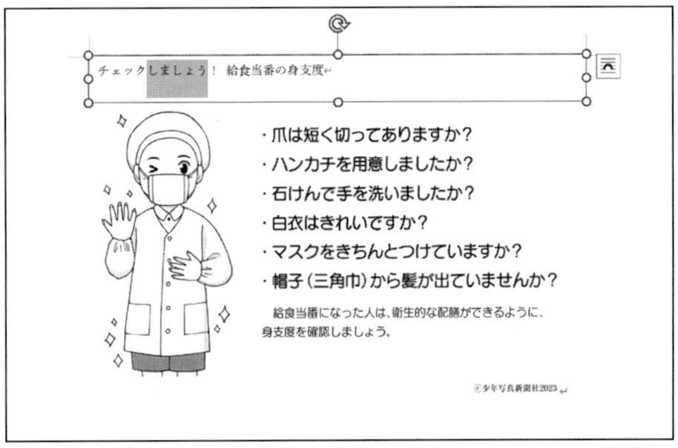

書きかえたい文字の左端にカーソルを合わせ、クリックしたまま右方向へマウスを動かして選択します（ドラッグする）。そのまま文字を入力すると上書きされます。

■文字のフォントやサイズ、色を変更する

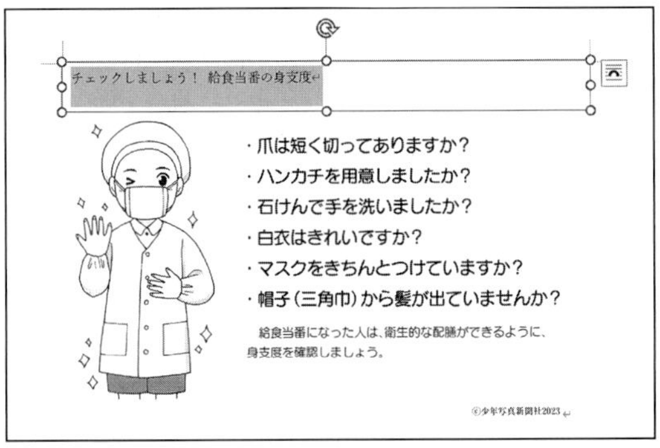

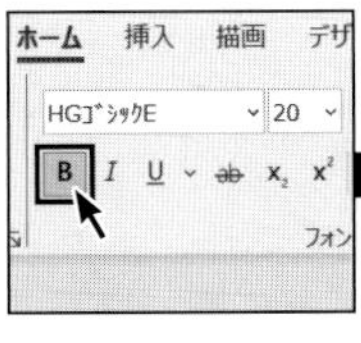

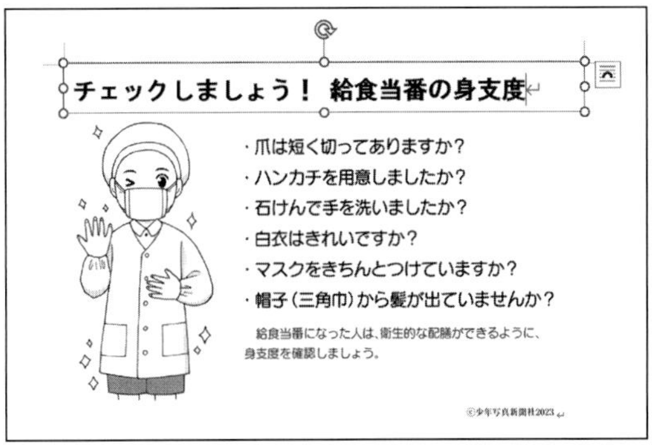

フォントを変更したい場合は、文字をドラックして選択し、「ホーム」タブのフォントから好きなフォントを選んでクリックします。

サイズをかえたい場合は、サイズをかえたい文字を選択し、「ホーム」タブの「フォントサイズ」から好きなサイズを選んでクリックします。また、太字にしたい場合には、太字にしたい文字を選択し、「ホーム」タブの「B（太字）」をクリックします。

色をかえたい場合には、同じく色をかえたい文字を選択し、「ホーム」タブの「フォントの色」から好きな色を選んでクリックします。

※この縮刷活用版は、各著作者（執筆者、指導・協力・監修者、モデルなど）の許諾を得て制作しています。

※内容は原本を可能な限り忠実に再現していますが、使用許諾条件および記事内容により、修正や変更をしている場合があります。

※本書に掲載している先生方の所属、肩書き、および施設名、連絡先、データなどは、ニュース発行当時のものです。

※公共図書館での本の貸出にあたっては、付属のCD-ROMは図書館内・館外ともに貸出できません。

※CD-ROM内のデータの無断複製は禁止させていただきます。

給食・食育大百科 2024 ［CD-ROMつき］

2024年２月25日　初版 第１刷発行
編　　集　株式会社　少年写真新聞社
発 行 所　株式会社　少年写真新聞社　〒102-8232　東京都千代田区九段南３-９-14
TEL 03-3264-2624　FAX 03-5276-7785
URL https://www.schoolpress.co.jp/
発 行 人　松本　恒
印　　刷　図書印刷株式会社

ISBN978-4-87981-790-7 C0337